Pioniere Psychoanalytischer Pädagogik

ERZIEHUNGSKONZEPTIONEN UND PRAXIS

Herausgegeben von Gerd-Bodo Reinert

Band 27

PETER LANG
Frankfurt am Main · Berlin · Bern · New York · Paris · Wien

Reinhard Fatke/Horst Scarbath (Hrsg.)

Pioniere Psychoanalytischer Pädagogik

PETER LANG
Europäischer Verlag der Wissenschaften

Die Deutsche Bibliothek - CIP-Einheitsaufnahme

Pioniere psychoanalytischer Pädagogik / Reinhard Fatke ;
Horst Scarbath (Hrsg.). - Frankfurt am Main ; Berlin ; Bern ;
New York ; Paris ; Wien : Lang, 1995
  (Erziehungskonzeptionen und Praxis ; Bd. 27)
  ISBN 3-631-48334-1

NE: Fatke, Reinhard [Hrsg.]; GT

Gedruckt mit Unterstützung der
Katholischen Akademie Hamburg

ISSN 0723-7464
ISBN 3-631-48334-1
© Peter Lang GmbH
Europäischer Verlag der Wissenschaften
Frankfurt am Main 1995
Alle Rechte vorbehalten.

Das Werk einschließlich aller seiner Teile ist urheberrechtlich
geschützt. Jede Verwertung außerhalb der engen Grenzen des
Urheberrechtsgesetzes ist ohne Zustimmung des Verlages
unzulässig und strafbar. Das gilt insbesondere für
Vervielfältigungen, Übersetzungen, Mikroverfilmungen und die
Einspeicherung und Verarbeitung in elektronischen Systemen.

Printed in Germany 1 2 3 4 5 7

INHALT

Günter Gorschenek	Zum Geleit	7
Reinhard Fatke	Einführung	9
Thomas Wegner	August Aichhorn	17
Jacques Berna	Heinrich Meng	31
Burkhard Müller	Siegfried Bernfeld	37
Günther Bittner	Hans Zulliger	53
Gerd E. Schäfer	Donald W. Winnicott	67
Reinhard Fatke	Fritz Redl	83
Rolf Göppel	Bruno Bettelheim	109
Die Autoren		128

ZUM GELEIT

„Pioniere psychoanalytisch orientierter Pädagogik" war der Titel eines internationalen Kolloquiums, das die Katholische Akademie Hamburg in Kooperation mit dem Lehrstuhl für Erziehungswissenschaft/Sozialpädagogik an der Universität Hamburg und dank der Unterstützung der Fondation Goethe de Bâle auf Schloß Klingenthal bei Straßburg durchführen konnte.

Das Kolloquium wie auch dieser Band suchte bzw. sucht die pädagogische und anthropologische Relevanz des Lebenswerks jener Pioniere zu vergegenwärtigen und zu erörtern, die auf der Basis der Psychoanalyse Freuds, aber in eigenständiger, auf eigenen praktischen Erfahrungen beruhender Weise neue Wege des pädagogischen Denkens und Handelns gegangen sind.

Die den einzelnen „Pionieren" gewidmeten Beiträge des Klingenthaler Kolloquiums wurden für den vorliegenden Band bearbeitet und um weitere ergänzt, so daß nun eine aspektreiche Einführung in die Thematik vorliegt. Die erziehungswissenschaftliche Bedeutung der psychoanalytisch orientierten Pädagogik ist aktuell erneut bekräftigt worden durch die Gründung einer Kommission für Psychoanalytische Pädagogik in der Deutschen Gesellschaft für Erziehungswissenschaft. Das Klingenthaler Kolloquium war eine der Keimzellen dieser Kommission.

Der Dank der Katholischen Akademie Hamburg gilt dem Initiator und Leiter des Kolloquiums, Herrn Professor Horst Scarbath (Hamburg); dem Mitherausgeber, Herrn Professor Reinhard Fatke (Zürich), der die ergänzenden Beiträge und die abschließende editorische Gestaltung betreut hat; der Fondation Goethe de Bâle und deren Leiterin, Frau Dr. Marie-Paule Stintzi; dem Verlag Peter Lang und den Editoren dieser Reihe, Herrn Professor Gerd-Bodo Reinert und Herrn Professor Jörg Petersen; vor allem aber gilt der Dank den Autoren dieses Buches.

Hamburg, im September 1994

Dr. Günter Gorschenek

Direktor der Katholischen Akademie Hamburg

Reinhard Fatke

EINFÜHRUNG

„Pioniere" definiert das Wörterbuch als „Wegbereiter", „Bahnbrecher", „Vorkämpfer". Genau das waren jene Männer und Frauen, die sich - zunächst in kleinen Zirkeln, dann in immer größer werdender Zahl - zu Beginn dieses Jahrhunderts zusammenfanden, um neue Wege der Erziehung zu beschreiten, indem sie die von Sigmund Freud geschaffenen Erkenntnisse über menschliche Entwicklungsprozesse und deren Fehlverläufe, über „Wege und Irrwege der Kinderentwicklung" (wie ein Buchtitel von Anna Freud lautete) fruchtbar zu machen versuchten für Verbesserungen des erzieherischen Umgangs mit Kindern in der Familie, im Kindergarten, in der Schule, in der Fürsorgeerziehung, in der Lehrerbildung usw. Es waren Männer und Frauen, die teils in der Praxis, teils in der Wissenschaft standen. Einige kamen von der Psychoanalyse her und interessierten sich für pädagogische Fragestellungen; andere gelangten von den täglichen Aufgabenstellungen der pädagogischen Praxis mit konkreten Anfragen an die Psychoanalyse. Aus diesen Gründen war der Versuch, eine neue Erziehung auf psychoanalytischer Grundlage zu schaffen, von Anfang an interdisziplinär angelegt und umfaßte praktische wie theoretische Aspekte gleichermaßen; und er war international, beteiligten sich daran doch Wissenschaftler und Praktiker aus Österreich, Deutschland, der Schweiz, Ungarn, Italien, Rußland usw. (s. dazu Fatke/Müller/Winterhager-Schmid 1994).

Schon bald, nachdem Sigmund Freud die ersten Grundpfeiler der psychoanalytischen Theorie errichtet hatte, hielt auf dem I. Psychoanalytischen Kongreß, der im Jahre 1908 in Salzburg stattfand, der Ungar Sándor Ferenczy einen Vortrag mit dem Titel „Psychoanalyse und Pädagogik". Und ein Jahr später bereits fand in der Wiener „Psychologischen Mittwoch-Gesellschaft", die sich um Sigmund Freud gebildet hatte, eine Diskussion über das Thema „Erziehung oder Fatalismus?" statt (s. *Protokolle*, Bd. II, S. 320ff.). Darin machte Freud konkrete Vorschläge, „die Aufgaben der Erziehung neu zu definieren und zu gruppieren", und zwar entsprechend den Entwicklungsphasen des Kindes, die er in seinen „Drei Abhandlungen zur Sexualtheorie" 1905 ausgearbeitet hatte. Er resümierte seine Vorschläge folgendermaßen: „Als Ziel der Erziehung könnte man im Sinne der Psychoanalyse die Überwindung von Vorlust bezeichnen. Man muß das Kind durch den Hinweis auf eine große Endlust zum Verzicht auf die jeweilige Vorlust bewegen. Diese versprochene Endlust rückt dann immer weiter hinaus, um sich in das Wohl der Gesamtheit aufzulösen" (op. cit., S. 325).

Die Erziehung soll also eindeutig in den Dienst einer gelingenden Entwicklung gestellt werden, die das Entstehen von Neurosen oder anderen psychischen Erkrankungen verhindert. Sie ist eine „Nachhilfe", die dazu dient, das Lustprinzip durch das Realitätsprinzip zu ergänzen und auf diese Weise jenes durch dieses zu sichern (S. Freud 1911, S. 235 f.).

Am Anfang der Psychoanalytischen Pädagogik stand also das konstruktive Bemühen um eine Verbesserung der Erziehung durch die Berücksichtigung psychoanalytischer Erkenntnisse. Doch es war nur konsequent, daß auf der Kehrseite dies Bemühen zu einer kritischen Betrachtung der gegebenen Erziehungsverhältnisse in Familie, Kindergarten, Schule, Erziehungsheim u. a. führte. Solche Kritik trat in der Folgezeit zunehmend in das Zentrum pädagogisch-psychoanalytischer Diskussionen, so daß Anna Freud in ihren Vorträgen zur „Einführung in die Psychoanalyse für Pädagogen" aus dem Jahr 1930 diesen Aspekt an die erste Stelle setzte: „Ich meine, die Psychoanalyse leistet der Pädagogik auch heute schon dreierlei. Sie eignet sich zur Kritik der schon bestehenden Erziehungsformen. Als psychoanalytische Psychologie, als Lehre von den Trieben, vom Unbewußten, als Libidotheorie erweitert sie [...] die Menschenkenntnis des Erziehers und schärft sein Verständnis für die komplizierten Beziehungen zwischen dem Kind und dem erziehenden Erwachsenen. Als eine Behandlungsmethode schließlich, als Kinderanalyse, bemüht sie sich, Schäden wieder auszubessern, die dem Kind während des Erziehungsprozesses zugefügt wurden." (A. Freud 1930, S. 133)

Es waren gewiß diese erziehungskritischen Aspekte, die die Psychoanalytische Pädagogik in den Augen der etablierten Pädagogen und Erzieher verdächtig machten. Dazu gehörten die Vertreter der Universitätspädagogik genauso wie Schulbehörden und Lehrerverbände. Sie fühlten sich herausgefordert, in ihrem Selbstverständnis verunsichert sowie in ihrem theoretischen Ansatz als auch in ihrem praktischen Tun in Frage gestellt. Erheblichen Anteil daran hatten zweifellos die Schriften Siegfried Bernfelds, insbesondere seine Abrechnung mit der Pädagogik in seinem 1925 erschienenen Buch „Sisyphos oder die Grenzen der Erziehung" (s. dazu Fallend/Reichmayr 1992).

Aber es waren auch andere Aspekte, die dazu beitrugen, daß die Psychoanalytische Pädagogik es schwer hatte, sich Anerkennung zu verschaffen. Sigmund Freud hatte bereits festgestellt, die Psychoanalyse stelle eine narzißtische Kränkung des Menschen dar, insofern als sie ihn lehre, daß er - genauer: sein Ich, sein Bewußtsein - nicht Herr im eigenen Haus sei, sondern daß sein Verhalten und sogar sein Denken von unbewußten Triebkräften mitgesteuert werde (S. Freud 1917). Dies neuartige anthropologische Konzept relativierte in starkem Maße das althergebrachte und liebgewordene „Bild vom Menschen", das die Pädagogik hatte, und erschütterte damit auch die Prämissen, auf denen die damaligen Erziehungstheorien wie auch das Erziehungssystem im ganzen basierten. Insofern erstaunt es nicht, daß die Psychoanalyse - und mit ihr die Psychoanalytische Pädagogik - weiterum auf Abwehr stieß.

Hinzu kam, daß das ebenfalls liebgewordene Bild vom Kinde als einem unschuldigen, auf jeden Fall a-sexuellen Wesen im Lichte der psychoanalytischen Entwicklungstheorie nicht mehr haltbar war und weiteren Widerstand in der etablierten Pädagogik hervorrief, gebündelt in dem Vorwurf des „Pansexualismus", der pauschal gegenüber der Psychoanalyse erhoben wurde.

Dies zeigt, wie steinig das Gelände, wie dornig die Wege waren, die die Wegbereiter und Bahnbrecher der Psychoanalytischen Pädagogik beschritten; sie hatten regelrecht zu kämpfen, so daß sie buchstäblich „Pioniere" im Sinne von „Vorkämpfern" waren. Im übrigen stammt der Begriff „Pioniere" ja aus dem militärischen Sprachgebrauch und bezeichnet, im spezifischen Sinne, Soldaten der technischen Truppe, deren Hauptaufgabe darin besteht, Wege zu bahnen und vor allem Brücken zu bauen.

Das Bauen von Brücken ist ebenfalls eine sinnfällige Metapher für die Psychoanalytische Pädagogik, geht es doch darum, Verbindungen zwischen zwei verschiedenen Disziplinen herzustellen, die je eigene Fragestellungen und Erkenntnisinteressen, Selbstverständnisse und systematische Ordnungen, Methoden und Praxen ausgebildet haben. Es konnte und sollte nicht darum gehen, Erziehung in psychoanalytische Therapie mit einzelnen oder Gruppen aufzulösen oder psychoanalytische Behandlungsformen in das Erziehungsfeld hineinzutragen und an die Stelle von pädagogischen Handlungsformen zu setzen. Sondern es ging - und geht auch heute noch - darum, psychoanalytische Erkenntnisse über die Entwicklung des Menschen, psychoanalytische Erfahrungen aus der Therapie mit psychisch erkrankten Kindern, Jugendlichen und Erwachsenen sowie psychoanalytische Einsichten aus einer kritischen Analyse kultureller Inhalte und Formen, die unsere Lebenswelt wie auch unser Bildungswesen bestimmen, fruchtbar zu machen für eine Unterstützung von psychosozial gesunden Entwicklungs- und Erziehungsprozessen, für ein Aufspüren solcher Faktoren, die eine gedeihliche Entwicklung von Kindern und Jugendlichen beeinträchtigen oder verhindern, und für geeignete pädagogisch-therapeutische Interventionen in solchen Fällen, in denen die Entwicklung gefährdet oder bereits beeinträchtigt ist.

Diesen Zielen verschrieb sich die Psychoanalytische Pädagogik, die - trotz aller Widerstände und Anfeindungen - in den 20er Jahren dieses Jahrhunderts mehr und mehr Resonanz fand (s. dazu auch Datler 1994). Es formte sich eine regelrechte Bewegung, deren publizistisches Zentrum die 1926 gegründete „Zeitschrift für Psychoanalytische Pädagogik" wurde. Herausgegeben wurde sie zunächst von Heinrich Meng, Arzt in Stuttgart, und Ernst Schneider, vormals in der Berner Lehrerbildung, nun als Professor in Riga tätig. Später wurde der Herausgeberkreis um so illustre Personen wie Anna Freud, Paul Federn, August Aichhorn und Hans Zulliger erweitert; die Schriftleitung wurde Wilhelm Hoffer anvertraut. Die Zeitschrift diente als Diskussionsforum aller, die Psychoanalytische Pädagogik betrieben, sei es praktisch, sei es theoretisch. Sie enthielt grundsätzliche systematische Beiträge, Berichte aus der Forschung wie aus der Praxis, viele Falldarstellungen sowie Mitteilungen über Veranstaltungen u.ä. (s. dazu auch Ertle 1986).

Im 11. Jahrgang, 1937, mußte die Zeitschrift ihr Erscheinen einstellen, weil die Nationalsozialisten die Psychoanalyse verfemten und ihre Vertreter - die außerdem großenteils Juden und Sozialisten waren - vertrieben. So setzte ein wahrer Exodus der psychoanalytischen Pioniere aus Deutschland und Österreich ein, und zwar vor allem in die USA, nach England und in die Schweiz. So über die Welt verstreut und ohne zentrales Publikationsorgan, verlor die Bewegung rasch an Einfluß. Hinzu kam, daß die meisten Emigranten in ihren Aufnahmeländern aus den verschiedensten Gründen sich als privat praktizierende Therapeuten niederließen, statt im öffentlichen Erziehungswesen die Tradition Psychoanalytischer Pädagogik fortzusetzen. Dies führte unter anderem auch zu einer immer wieder beklagten „Klinifizierung" der Psychoanalytischen Pädagogik, insbesondere in England und den USA.

Die durch die Nationalsozialisten geschaffene Zäsur war so einschneidend, daß auch nach 1945 die Psychoanalyse im allgemeinen und die Psychoanalytische Pädagogik im besonderen es schwer hatten, sich wieder zu etablieren. Erst in den 60er Jahren wurde durch den Wiederabdruck von Aufsätzen aus der „Zeitschrift für Psychoanalytische Pädagogik" neuerlich an diese Tradition erinnert (Bittner/Rehm 1963). Die Schüler- und Studentenbewegung von 1968 stellte dann einen entscheidenden Schritt zur Wiederbelebung der Psychoanalyse und damit auch der Psychoanalytischen Pädagogik dar, allerdings mit - politisch-motivierten - Einseitigkeiten und Verkürzungen. In den 70er und dann vor allem in den 80er Jahren aber knüpften, zunächst noch verstreut, mehrere Theoretiker und Praktiker in Deutschland, Österreich und der Schweiz an die Tradition der Psychoanalytischen Pädagogik an und begnügten sich nicht mehr nur mit einer Rezeption früherer Schriften in vorwiegend historischer Absicht, sondern bemühten sich um eine theoretisch-systematische Aufarbeitung und Weiterführung der Psychoanalytischen Pädagogik sowie um die Schaffung neuer Praxismodelle. In diesem Zusammenhang spielten dann auch solche Pioniere Psychoanalytischer Pädagogik, die in der 68er-Bewegung noch nicht wiederentdeckt worden waren, eine besondere Rolle.

Dies ist auch der Kontext, in welchem das im Geleitwort zu diesem Band erwähnte Kolloquium stattfand, auf dem einige der wichtigsten Pioniere Psychoanalytischer Pädagogik vorgestellt und deren Werk eingehend diskutiert wurden. Es folgten weitere Tagungen und Kongresse, auf denen sich immer wieder ein Kreis von deutschen, österreichischen und Schweizer Wissenschaftlern und Praktikern zusammenfand, um die Psychoanalytische Pädagogik theoretisch-systematisch, historisch und praktisch fortzuführen. Ein Meienstein in dieser Entwicklung war die Gründung der Kommission „Psychoanalytische Pädagogik" in der Deutschen Gesellschaft für Erziehungswissenschaft (s. dazu Fatke/Datler/Winterhager-Schmid 1994). Die neue Bedeutung der Psychoanalytischen Pädagogik schlug sich auch nieder in dem maßgeblich von Hans-Georg Trescher initiierten *Jahrbuch für Psychoanalytische Pädagogik* (1989 ff.) und in mehreren wissenschaftlichen Publikationsreihen: *Psychoanalytische Pädagogik,* herausgegeben von Hans-Georg Trescher und Christian Büttner im Grünewald Verlag in Mainz, *Sisyphos - Studien zur Psychoanalyse in der Pädagogik*, herausgegeben von Günther Bittner, Gerd Schäfer und Luise Winterhager-Schmid im Verlag Königshausen & Neumann in Würzburg, und *Anwendungen der Psychoanalyse*, herausgegeben von Aloys Leber und Siegbert Kratzsch im Asanger Verlag in Heidelberg.

Der vorliegende Band kann nur eine Auswahl von „Pionieren Psychoanalytischer Pädagogik" behandeln, nimmt aber für sich in Anspruch, daß die Auswahl einen repräsentativen Querschnitt bietet und die wichtigsten Vertreter berücksichtigt. Das sind vor allem solche, die neue Wege gegangen sind, um Psychoanalyse und Pädagogik in eine fruchtbare Verbindung zu bringen, und diese sowohl theoretisch reflektiert als auch praktisch erprobt haben. Gewiß gäbe es gute Argumente dafür, auch andere bedeutende Wegbereiter, wie z.B. Anna Freud, Ernst Schneider, Wilhelm Hoffer, Oskar Pfister, Erik H. Erikson, einzubeziehen. Aber dem standen vorwiegend Umfangsgründe entgegen, so daß an dieser Stelle auf andere Anthologien verwiesen werden muß: Alexander/Eisenstein/Grotjahn 1966; Mühlleitner 1992; Kaufhold 1993.

Somit will der vorliegende Band an „verdrängte Anstöße" erinnern und diese in die gegenwärtigen Diskussionen um Verbesserungen von Erziehungseinrichtungen und Erziehungsprozessen einbringen (s. auch Fatke 1986; Scarbath 1992) und damit zur Konkretisierung dessen beitragen, was Sigmund Freud als „so überaus wichtig, so reich an Hoffnungen für die Zukunft, vielleicht das Wichtigste von allem, was die Analyse betreibt", bezeichnet hat, nämlich „die Anwendung der Psychoanalyse auf die Pädagogik, die Erziehung der nächsten Generation" (S. Freud 1932, S. 157), denn die Aufgabe der Erziehung ist schwierig genug: „Die Erziehung hat also ihren Weg zu suchen zwischen der Scylla des Gewährenlassens und der Charybdis des Versagens. Wenn die Aufgabe nicht überhaupt unlösbar ist, muß ein Optimum für die Erziehung aufzufinden sein, wie sie am meisten leisten und am wenigsten schaden kann" (op. cit., S. 160). - Zur Lösung dieser Aufgabe leistet das Werk der in diesem Band behandelten Pioniere Psychoanalytischer Pädagogik einen wichtigen Beitrag.

Literatur

Alexander, Franz/Eisenstein, Samuel/Grotjahn, Martin (Eds.): Psychoanalytic Pioneers. New York: Basic Books 1966.

Bittner, Günther/Rehm, Willy (Hrsg.): Psychoanalyse und Erziehung. Ausgewählte Beiträge aus der „Zeitschrift für Psychoanalytische Pädagogik". Bern/Stuttgart: Huber 1964.

Datler, Wilfried: Bildung und Heilen. Auf dem Weg zu einer pädagogischen Theorie psychoanalytischer Praxis. Zugleich ein Beitrag zur Diskussion um das Verhältnis zwischen Psychotherapie und Pädagogik. Unveröffentlichte Habilitationsschrift. Wien 1994.

Ertle, Christoph: Erzieherische Fragen aus der Sicht der Psychoanalyse - von Freud bis zur „Zeitschrift für Psychoanalytische Pädagogik" (1926-1937). In: Günther Bittner/Christoph Ertle (Hrsg.): Pädagogik und Psychoanalyse. Beiträge zur Geschichte, Theorie und Praxis einer interdisziplinären Kooperation. Würzburg: Königshausen & Neumann 1985, S. 11-29.

Fallend, Karl/Reichmayr, Johannes (Hrsg.): Siegfried Bernfeld oder die Grenzen der Psychoanalyse. Basel/Frankfurt a. M.: Stroemfeld/Nexus 1992.

Fatke, Reinhard/Datler, Wilfried/Winterhager-Schmid, Luise: Zur Institutionalisierung der Psychoanalytischen Pädagogik in den 80er und 90er Jahren. Die Einrichtung der Kommission „Psychoanalytische Pädagogik" in der Deutschen Gesellschaft für Erziehungswissenschaft. In: Jahrbuch für Psychoanalytische Pädagogik. Bd. 6. Mainz: Grünewald 1994.

Fatke, Reinhard/Müller, Burkhard/Winterhager-Schmid, Luise: Psychoanalytische Pädagogik in Europa: Geschichte - Institutionen - Handlungsformen. In: Zeitschrift für Pädagogik. 32. Beiheft. Weinheim: Beltz 1994, S. 445-464.

Fatke, Reinhard: Psychoanalytische Beiträge zu einer Schultheorie. Eine Erinnerung an verdrängte Anstöße. In: Die Deutsche Schule 78 (1986), S. 4-15.

Freud, Anna: Einführung in die Psychoanalyse für Pädagogen. Stuttgart: Hippokrates 1930; zitiert nach „Die Schriften der Anna Freud". Bd. I: 1922-1936. München: Kindler 1980, S. 77-138.

Freud, Sigmund: Formulierungen über zwei Prinzipien des psychischen Geschehens (1911). In Gesammelte Werke, Bd. VIII, S. 229-238.

Freud, Sigmund: Eine Schwierigkeit der Psychoanalyse (1917). In: Gesammelte Werke, Bd. XII, S. 1-12.

Freud, Sigmund: Aufklärungen, Anwendungen, Orientierungen. 34. Vorlesung der „Neuen Folge der Vorlesungen zur Einführung in die Psychoanalyse" (1932). In: Gesammelte Werke, Bd. XV, S. 146-169.

Jahrbuch für Psychoanalytische Pädagogik. Bd. 1-6. Mainz: Grünewald 1989-1994.

Kaufhold, Roland (Hrsg.): Pioniere der Psychoanalytischen Pädagogik: Bruno Bettelheim, Rudolf Ekstein, Ernst Federn und Siegfried Bernfeld. Psychosozial 16 (1993), Heft 1. Gießen: Psychosozial Verlag 1993.

Mühlleitner, Elke, unter Mitarbeit von Johannes Reichmayr: Biographisches Lexikon der Psychoanalyse. Die Mitglieder der Psychologischen Mittwoch-Gesellschaft und der Wiener Psychoanalytischen Vereinigung 1902-1938. Tübingen: edition diskord 1992.

Protokolle der Wiener Psychoanalytischen Vereinigung. Hrsg. v. Hermann Nunberg/Ernst Federn. Bd. II: 1908-1910. Frankfurt a.M.: Fischer 1977.

Scarbath, Horst: Zur Psychoanalyse der Lehrerrolle im gesellschaftlichen Kontext - zugleich eine kleine Einführung in psychoanalytische Pädagogik. In: H. Scarbath: Träume vom guten Lehrer. Sozialisationsprobleme und dialogisch-förderndes Verstehen. Donauwörth: Auer 1992, S. 23-44.

Thomas Wegner

AUGUST AICHHORN

(1878-1949)

Im Geleitwort zu August Aichhorns bekanntestem Buch „Verwahrloste Jugend" schreibt Sigmund Freud, daß Aichhorns Handeln „durch eine intuitive Einfühlung in deren seelische Bedürfnisse [gemeint sind die ‚Pflegebefohlenen'; Th. W.] richtig geleitet [wurde]. Die Psychoanalyse konnte ihn praktisch wenig Neues lehren, aber sie brachte ihm die klare theoretische Einsicht in die Berechtigung seines Handelns und setzte ihn in den Stand, es vor anderen zu begründen" (1977, S. 7).

Wenn das mehr als ein freundliches Kompliment ist - und davon darf man bei Freud ausgehen -, erscheint es reizvoll, zum einen zu fragen, welches die Bedingungen sind, die eine solche intuitive Einfühlung in die Bedürfnisse der Verwahrlosten ermöglichen, und ferner zu fragen, wie Aichhorn diese intuitive Einfühlung in situationsadäquates Handeln umzusetzen wußte.

Pädagogisch-systematisch bedeuten die Freudschen Worte im Kern nichts anderes als ein Aufgreifen der Formel, daß wissenschaftliche Pädagogik das methodisch angeleitete Erhellen je vorgängiger Praxis der Erziehung sei. Psychoanalyse wäre demgemäß eine Theorie, besser: eine Erkenntnisperspektive, die der Klärung einer je schon vorfindbaren Praxis dient. Aichhorns großartige Pionierleistung besteht darin, daß er uns gezeigt hat, wie aus einer psychoanalytischen Perspektive Pädagogik betrieben werden kann. Dieser Leistung gebührt noch mehr Achtung, wenn man bedenkt, daß sich Aichhorn mit seiner Pädagogik der Verwahrlosten gleichsam zwischen alle Stühle seiner Zeit setzte: Seine erzieherischen Prinzipien der Milde und Güte hatten wenig gemein mit der zeitgenössischen Verwahrlostenpädagogik, und seine eigenwillig kreative Gestaltung psychoanalytischer Techniken, namentlich der Übertragung, war ohne Vorbild und mußte sich erst beweisen.

1. Biographische Skizze

Die Wiener Psychoanalytische Vereinigung hat 1976 einen kleinen Band „Wer war August Aichhorn" mit Briefen, Dokumenten und einigen unveröffentlichten Arbeiten herausgegeben. Darunter befinden sich auch zwei Dokumente zur Biographie, die Aichhorn 1947 und 1948 - also kurz vor seinem Tod 1949 - als Briefkonzept bzw. als Brief an Oskar Pfister verfaßt hat. Darin heißt es unter anderem (S. 29):

„Josefs Sohn, Wilhelm, mein Vater, sollte Priester werden und wurde in ein klösterliches Gymnasium geschickt, hielt es dort aber nicht länger als ein Jahr aus, trat in die Realschule über und nach Absolvierung der Unterrealschule, in die noch heute (…) bestehende Wiener Handelsakademie ein. Nach Abschluß der Handelsakademie trat er in ein Bankhaus ein, (…) und gründete, 23 Jahre alt, in der Kärntnerstraße ein eigenes Bankhaus. 2 Jahre vorher verheiratete er sich mit der Tochter eines Bäckermeisters, dessen Haus und Geschäftsbetrieb unterhalb des väterlichen Wohnhauses auf der Schönbrunnerstraße lagen. Mit seinem Bankgeschäft kam er in eine Zeit ungeheuren Aufschwungs. (…) Er verdiente sehr viel Geld und wurde nach damaligen Verhältnissen ein wohlhabender Mann. Im Jahre 1873 kam der Zusammenbruch. Er verlor alles und war auf die Unterstützung seiner Eltern und Schwiegereltern angewiesen. Nach einem halben Jahr war der Vater soweit, daß er das von seiner Schwiegermutter gekaufte Bäckergeschäft in Rudolfsheim übernehmen konnte. In der Zeit des langsamen Aufbaus wurden 1878 mein Zwillingsbruder und ich geboren. (…) Im Jahre 1897 starb mein Zwillingsbruder, der nach einer Grippe sich nicht mehr erholen konnte, in einigen Monaten an Milliardtuberkulose. […] Der Vater zog sich ins Privatleben zurück und führte einen gutbürgerlichen Haushalt."

Für eine biographische Aichhorn-Forschung wäre es sicherlich interessant, sein Verhältnis zu seinem Zwillingsbruder näher zu kennen. Was bedeutet es für jemanden, wenn dessen Zwillingsbruder im späten Jugendalter stirbt? Liegt vielleicht hier eine der Wurzeln für die von vielen als fast unheimlich empfundene Intuition, mit der Aichhorn sich in die Verwahrlosten einfühlen konnte? Leider liegen dazu keine näheren biographischen Hinweise vor.

Über seine Eltern schreibt Aichhorn:

„Die Mutter war eine zarte, kränkliche Frau, vom Vater ihr Leben lang liebevollst umsorgt. Sie starb 1926, 72 Jahr alt. Der Vater starb 1931 im 83. Jahr.
Ich habe während meines Aufwachsens die Eltern nie ein böses Wort miteinander wechseln hören, selbst nie einen Schlag bekommen.
Wie sollen Eltern nun leben? Nach unserer Auffassung ist das doch ein vorbildliches Leben für die Kinder. Wie habe ich darauf reagiert? Die beiden genügen einander, ich komme zu kurz. Schon als ganz kleiner Bub, wenn ich etwas wollte und die Mutter sagte, da müssen wir zuerst den Vater fragen, dachte ich mir: wozu? es geschieht ja doch, was Du willst. Und dann schon als Halberwachsener war ständig die Frage da: wie ist es möglich, daß der Vater nicht sieht, wie er von der Mutter geführt wird. Die Mutter war eine sehr kluge Frau. Die Eltern waren 55 Jahre verheiratet und der Vater hat tatsächlich nie gemerkt, wie er von seiner Frau geführt wird und er war sehr glücklich dabei!" (op. cit., S. 29)

Wir werden später sehen, daß Aichhorn gleichsam die systematische Familientherapie vorweggenommen hat, wenn er in seiner Arbeit als Erziehungsberater besonderes Augenmerk auf die Beziehungsdynamik in der Familie geworfen hat.

Seinen „beruflichen" Werdegang skizziert Aichhorn in dem erwähnten Brief an O. Pfister folgendermaßen (op. cit., S. 30 f.):

„Wien, den 21. November 1947

Lieber Herr Doktor Pfister!

Was Sie (...) von mir wissen wollen:
Ich besuchte die 5klassige Volksschule, 3klassige Bürgerschule und die staatliche Lehrerbildungsanstalt in Wien. Im Jahre 1898 erhielt ich die Anstellung als Lehrer bei der Gemeinde Wien. Bis 1908 war ich als solcher tätig. 1899 begann ich mich neben dem Schuldienst privat für die Matura an der Realschule vorzubereiten, da das Reifezeugnis der Lehrerbildungsanstalt zum Hochschulstudium nicht berechtigte. 1901 legte ich die Matura ab, von 1901 - 1905 besuchte ich die Wiener Technische Hochschule, Abteilung für Maschinenbau. (Dabei war ich aber immer als Lehrer tätig.) 1903 legte ich die erste Staatsprüfung mit dem Patent ‚sehr befähigt' ab. Mein Interesse galt vorwiegend der Mathematik mit darstellender Geometrie. Ich hatte nie die Absicht vom Lehrberuf weg als Techniker in die Praxis zu gehen, sondern wollte Lehrer an einer Lehrerbildungsanstalt werden. Die Absicht mißlang, ich heiratete 1906, gab das Studium auf und widmete mich wieder nur der Schule.

1907 entstanden in Wien ‚militärisch organisierte Knabenhorte', gegen die eine Anzahl von Lehrern und ich, uns wehrten. Wir gründeten Vereine, die den Zweck hatten, Knabenhorte zu errichten und zu erhalten. 1908, als eine der Jubiläumssektionen der Gemeinde Wien, wurde der Zentralverein zur Errichtung und Erhaltung von Knabenhorten in Wien gegründet. Statutengemäß war der jeweilige Wiener Bürgermeister der Präsident. Die Gemeinde Wien subventionierte ihm mit 100.000,- Kronen (für die damaligen Zeiten ein beträchtlicher Betrag). Mir wurde die Zentralleitung übertragen und ich wurde vom Schuldienst beurlaubt. Diese Funktion übte ich 10 Jahre aus.

Im Jahre 1918 trat ich ins Jugendamt über. Während meiner Tätigkeit im Horte konzentrierte sich mein Interesse immer mehr auf die sich abwegig entwickelnde Jugend und im Herbste 1918 ging ich nach Oberhollabrunn, um in dem dort aufgelassenen Flüchtlingslager, die aus meinem Buch bekannte Anstalt einzurichten. 1923 kam ich in die Zentrale des Wiener Jugendamtes zurück und gab die Anregung, in jedem der damals bestehenden 14 Bezirksjugendämtern eine Erziehungsberatung einzurichten. Meinem Antrag wurde stattgegeben, ich richtete die Erziehungsberatungen ein und führte sie jahrelang allein. 1932 trat ich nach 34jähriger Dienstzeit in den dauernden Ruhestand.

Das, lieber Herr Doktor, ist der äußere Rahmen. [...]
Wie ich zur Psychoanalyse kam? [...]
Als ich mich der Jugendfürsorge zuwandte, fielen mir sehr bald jene sich abwegig entwickelnde Kinder und Jugendliche auf, die wir gewohnt sind, als die Verwahrlosten zusammenzufassen.

Ohne viel Wissen, die Pädagogik dieser Zeit in der Lehrerbildungsanstalt, zeigte uns ein beim Schreibtisch konstruiertes Kind, dem wir im Leben nie begegneten - ohne psychologisches Wissen, aber aus einem sicheren Gefühl, war mir klar: wie man den Verwahrlosten sieht und wie er behandelt wird, k a n n n i c h t r i c h t i g s e i n. Und so, ohne Vorbildung, kam ich zum Verwahrlosten.

Vorgänge im Hirn - so dachte ich damals - spielen in der Verwahrlosung eine bedeutende Rolle. Die erste Enttäuschung stellte sich nach den viel Mühe und beträchtlichen Zeitaufwand erfordernden Studien der Gehirnanatomie ein. Mit gleichem Ergebnis schloß ich das Suchen in Vorlesungen über Psychiatrie und Neurologie, in ‚Grundzüge der physiologischen Psychologie' von Wundt und in den Vorlesungen ‚Zur Einführung in die experimentelle Pädagogik und ihre psychologischen Grundlagen' von Meumann ab.

Und doch blieb mir klar: Erfolge aus einer Begabung sind Zufallstreffer, wichtig für den Einzelnen, aber völlig wertlos für den Ausbau einer Methode. Nur wenn es mir gelingt, theoretische Einsicht in die Berechtigung meines Handelns zu erlangen und wenn es mir möglich wird, es vor anderen zu begründen, kann ich hoffen, den Anfangsweg zu dieser Methode aufzufinden, von der ich nicht wußte, wie sie aussehen wird. Daher suchte ich weiter und kam in meinem Suchen zur Psychoanalyse: nicht um Psychoanalytiker zu werden, nicht um von der Schulbank her mir ein neues Wissensgebiet anzueignen; sondern mitten aus der Verwahrlostenfürsorge, um Hilfen zu finden im Kampfe gegen die Verwahrlosung; den Verwahrlosten zu begreifen, den Anfang einer Methode festzulegen, die es ermöglicht, den Verwahrlosten nicht mehr durch Gesellschaft und Staat verfolgen zu müssen, in aufzugreifen, einzusperren, zu verurteilen und dem Strafvollzug zuzuführen.

Die dynamische Betrachtungsweise der Psychoanalyse, die Einblick gibt in das psychische Kräftespiel und in die Wirkung unbewußter seelischer Vorgänge auf bewußte, zog mich sofort an. [...]

Als ich dann von Oberhollabrunn in die Zentrale des Wiener städtischen Jugendamtes zurückging, in den einzelnen Bezirksjugendämtern die Erziehungsberatung als Neueinrichtung schuf und über ein Jahrzehnt führte, zogen tausende und tausende schwer erziehbare, verwahrloste, kriminell gewordene Kinder und Jugendliche beiderlei Geschlechts an mir vorüber.

Im Laufe der Jahre wurde ich immer bescheidener, weil mein ‚Bescheidwissen' wuchs, das mich immer mehr erkennen ließ, wieviel an Wissen und Erfahrung notwendig ist, um das Problem der Verwahrlosung wirklich an der Wurzel fassen zu können.

In Analyse bei Dr. Federn kam ich aber erst in der Oberhollabrunnerzeit.

Über die Gründe der Auflösung ‚Oberhollabrunns' und meine Rückkehr in die Zentrale des Jugendamtes äußere ich mich lieber nicht. Tatsache ist, daß es nach mir weder in Oberhollabrunn noch anderswo eine in ähnlichem Sinne geführte Anstalt gab. Auch die Erziehungsberatungen des Wiener Jugendamtes nahmen nach meinem Ausscheiden eine völlig andere Entwicklung."

Leider gibt es keine offiziell verbürgten Belege für die Gründe, aus denen das „Experiment" Oberhollabrunn beendet wurde. Man kann jedoch annehmen, daß es neben dem Nachlassen des unmittelbaren Drucks, das Elend der Kriegsfolgen aufzufangen, wohl auch Probleme mit Aichhorns unorthodoxen Erziehungsmethoden gab. Wenn man liest, wie er etwa ruhigen Sinnes zusah, wie die Gruppe der Aggressiven (vgl. Aichhorn 1977, S. 144 ff.) das Mobiliar auseinandernahm, und dies auch noch als psychologisch begründbar und pädagogisch vertretbar ansah, sieht man förmlich, wie jedem Vertreter der Administration die Haare zu Berge gestanden haben müssen.

Staatliches Handeln ist notwendigerweise auf Wirksamkeit angelegt; psychoanalytisch orientierte Pädagogik hat das je singuläre Subjekt im Blick. Eine Pädagogik, die sich nicht im Namen der bestimmenden gesellschaftlichen Mächte artikulieren kann, muß es schwer haben. Sie kann kaum hoffen, honoriert zu werden. Die Bezahlung - nicht nur verstanden als Notwendigkeit materieller Reproduktion, sondern auch als öffentliche Anerkennung - war dann auch der Grund für Aichhorns Ausscheiden als Leiter von 14 Bezirksjugendämtern. Seine Bezahlung war die eines Volksschullehrers - noch unter der eines Sonderschullehrers. Als man ihm eine ordentliche Anhebung verweigerte, reichte er 1930 seine Pensionierung ein (vgl. Wiener Psychoanalytische Vereinigung 1976, S. 62).

In kleinerem Rahmen führte er sein Konzept einer psychoanalytischen Beratung mit Unterstützung der Wiener Psychoanalytischen Vereinigung fort.

Er hielt zahlreiche Vorträge und war Mitherausgeber der „Zeitschrift für Psychoanalytische Pädagogik". Nach dem Exodus der vorwiegend jüdischen Psychoanalytiker aus Wien bemühte sich Aichhorn in kleinem Rahmen um die Ausbildung von Ärzten und Psychologen. Auch hier läßt uns biographisches Material im Stich. Man könnte vermuten, daß ihm einige der Techniken, die er bei seinen Verwahrlosten kennenlernte, geholfen haben, diese schwere Zeit zu überstehen. - 1946 wurde er Obmann der wiedereröffneten Wiener Psychoanalytischen Vereinigung, erhielt zahlreiche Ehrenmitgliedschaften und wurde 1948 für seine Verdienste um die Seelenheilkunde und Jugendfürsorge zum Professor ernannt. August Aichhorn starb am 13. Oktober 1949 in Wien.

2. Annäherungen

Das Buch „Verwahrloste Jugend" enthält ein Photo von Aichhorn. Es zeigt einen leicht beleibten Herrn mit ordentlich unordentlichem Haar, einer extravaganten Zigarettenspitze im Mund, einem zum Anzug unpassenden Käppi in der Hand; und dann ist da noch der Schatten an der Mauer. Der Mann und Verwahrlosung - das paßt, das ist ein ‚Schlitzohr', der muß wissen, wovon er redet.

Aichhorn schafft es sogar per Photo, eine Übertragung herzustellen. Bevor ich aber auf dieses für die Aichhornsche Pädagogik zentrale Konzept der Übertragung eingehe, sollen die Voraussetzungen seiner Pädagogik zumindest in einigen Aspekten genannt werden.

2.1. „Der Wolf im Schafspelz"

Auf den ersten Blick erscheint Aichhorn als Humanist, der mit seiner Konzeption der Fürsorgeerziehung nicht nur die damalige, am Militärdrill orientierte Verwahrlostenerziehung auf den Kopf stellte, sondern auch bis heute kaum eingeholt worden ist. Sein auf Güte und Milde abgestelltes Erziehungskonzept rief bei seinen Zeitgenossen ungläubiges Erstaunen hervor. Die Anwohner von Oberhollabrunn führten zahlreiche Beschwerden, und die Dienstvorgesetzten beäugten Aichhorns Versuch nicht immer nur wohlwollend. Aichhorn beschreibt seinen erzieherischen Ausgangspunkt wie folgt:

„Wir dürfen uns selbstverständlich nicht der Auffassung anschließen, für die der Dissoziale an s i c h der Verneinende, der Schädling ist, der zu seinem eigenen und zum Besten der Gesellschaft ausgemerzt gehörte, und um den man sich annimmt, damit die Gesellschaft vor ihm geschützt wird, der an s i c h nicht mehr interessiert, dessen Anforde-

rungen als Mensch an das Leben nicht mehr beachtet zu werden brauchen, mit dem die Gesellschaft im allgemeinen fertig ist.
Für uns Erzieher ist der Dissoziale - an sich positiv, der nur in einer Lebensentwicklungsstufe das richtige Verhältnis zu seiner Umgebung im Leben nicht gefunden hat. Mißverstanden, brutal behandelt, zur Stellungnahme in dem sich gegenseitig zerfleischenden Kampfe der Eltern gezwungen, hat er psychische Verwundungen (Traumen) erlitten, weil die exogenen Kräfte eine zu starke Belastung für die endogenen brachten oder weil unvernünftige Elternliebe ihn hemmungslos aufwachsen ließ. Die Folge davon war eine falsche Einstellung, die ihn sich falsch fixieren ließ und ihn daher zur Dissozialität, vielfach auch zur Kriminalität und gerichtlichen Aburteilung führte. Er ist der schuldlos schuldig gewordene Mensch, dessen Haß auf die Gesellschaft, dessen augenblickliche negative Einstellung der Berechtigung nicht entbehrt." (Wiener Psychoanalytische Vereinigung 1976, S. 40)

Aichhorns Perspektive war radikal subjektiv. Der Verwahrloste hatte immer recht. Seinen Standpunkt in seinen familialen und lebensweltlichen Verstrikkungen zu verstehen, das war sein Anliegen. Die soziale Schädlichkeit des Verwahrlosten war ihm vergleichsweise gleichgültig, sein Interesse galt den unbewußten Verstrickungen des Subjekts in die Verwahrlosung. Und ihm war vollkommen klar, daß seine Schutzbefohlenen lügen, betrügen, stehlen, schlagen müssen. Eine nur vordergründige Dressur würde die Verhaltensphänomene von einer manifesten auf eine latente Ebene drücken, die dann jedoch bei passender Gelegenheit ohne Schranke wieder hervorbrechen würden. Dem Verwahrlosten hat man abgewöhnt, seine Bedürfnisse klar auszudrücken, man hat ihn zu einer Sprache gezwungen, die er bewußt selbst nicht mehr versteht.

Alles verstehen heißt bei Aichhorn nun aber beileibe nicht: alles verzeihen. Eine der klarsten Einsichten von Aichhorn war, daß sich der, „der das Gefühl hat, ‚Geduld' mit einem Kriminellen, den er behandelt, zu haben, sich schon um die Früchte seiner guten Absichten bringt" (Eissler in Aichhorn 1977, S. 204). Aichhorns Verstehen drängte auf Veränderung, auf Verwandlung.

Zugleich war Aichhorn, wie Rosa Dworschak anläßlich einer Feier zum 25. Todestag Aichhorns vermerkte, „immer auf der Suche nach dem ‚rein Verwahrlosten'. [...] Er stellte sich darunter einen Menschen vor, dem es gelingen mochte, völlig ungebunden zu bleiben, sich triebhaft, ohne Konflikte in sich selbst und daher ohne Schuldgefühl auszuleben und gleichsam als Höhepunkt, auch ohne besondere Schwierigkeiten in seiner Umwelt damit durchzukommen" (Wiener Psychoanalytische Vereinigung 1976, S. 16).

Natürlich wußte Aichhorn, daß das nicht geht; Luststreben und Realität treffen nicht ohne Kompromiß aufeinander. Der Verwahrloste war für Aichhorn - um es pointiert auszudrücken - jener ‚Blödmann', der, verständlich aus den biographischen Versagungen, versucht, das Luststreben gegen die Realität durchzusetzen. Das Genie Aichhorns bestand nun darin, nicht wie üblich auf den Abweichler einzureden, ihm die Teilhabe am Sozialleben schmackhaft zu machen oder ihn einzusperren, sondern ihm klarzumachen, daß er ‚blöd‘ ist. Und das geht nur, wenn er, Aichhorn, schlauer ist, es besser zu wissen vorgeben kann. Der radikalen Subjektperspektive zum Zögling muß eine ebenso radikale Subjektbezogenheit auf der Seite des Erziehers gegenüberstehen.

„Ich meine mir klar geworden zu sein, was meine Einstellung zum Verwahrlosten bedingt und warum man dahinter ‚Menschenliebe‘ sieht.
Wenn wir ‚die Verwahrlosung an sich‘ personifizieren, so ist ein Kind oder ein Jugendlicher verwahrlost, wenn er der Person ‚Verwahrlosung‘ Gefolgschaft leistet, daher aus irgend einer Ursache an sie gebunden ist.
Ich will nun dieses Kind oder diesen Jugendlichen für mich haben. Dabei ist mir völlig gleichgültig, was die soziale Gemeinschaft dazu sagt. Mein primäres Ziel ist nicht, ihn in die soziale Gemeinschaft zu führen, sondern m i r soll er gehören und nicht der ‚Verwahrlosung‘. Ich bekämpfe nicht ihn, sondern er ist der Preis, der mir zufällt, wenn ich siege.
Meine einzige Waffe ist die List. Ich verlocke ihn und schaffe dasselbe Abhängigkeitsverhältnis, das in der normalen Erziehung von Haus aus besteht. Das heißt, die normalerweise vorhandene und vom Erzieher ausgenützte Notlage des Kindes, die aus dem Bedürfnis nach Befriedigung der Zärtlichkeitswünsche entsteht, erzeuge ich künstlich.
Um aber diese Notlage schaffen zu können, muß ich zuerst aus meiner gesicherten Stellung innerhalb der sozialen Gemeinschaft heraussteigen und mich mit dem Verwahrlosten identifizieren. Je besser dies gelingt, desto mehr werde ich er, desto mehr verstehe ich seine Bedürfnisse und was er braucht, verstehe es aber nicht über den Kopf, sondern empfindungsgemäß. Allerdings ist der nächste Schritt die Objektivierung.
Ob es sich nun um ein defektes ES, ICH oder Ü.-ICH handelt oder ob das eine oder andere nur zum Teil gestört ist, auf jeden Fall handelt es sich um den Ausgleich eines Defizits im Erleben. Dem gilt mein Bemühen. Je mehr er mir Gefolgschaft leistet, desto mehr identifiziert er sich nun mit mir, desto mehr nehme ich ihn ‚der Verwahrlosung‘ weg. Ist der Sieg errungen, dann interessiert er mich nicht mehr und ich hole mir den nächsten.
Daß er dabei zur sozialen Einordnung gekommen ist, ergibt einen nicht unangenehmen Nebengewinn für die soziale Gemeinschaft, ihn und mich.
(Eine Bemerkung dazu: ich kann mir recht gut vorstellen, daß ich, wenn ich selbst das Bedürfnis hätte, verbrecherische Neigungen zu realisieren, auf dieselbe Weise mir eine recht brauchbare Bande schaffen könnte.)
Aber nun zum Schluß:
Meine Umgebung sieht mein Eingehen auf den Verwahrlosten, mein Bemühen um ihn, sieht aber nicht das dahinter stehende Motiv und schließt aus dem, was in Erscheinung tritt, auf ‚Menschenliebe‘, denn irgendwie sieht es so aus." (Wiener Psychoanalytische Vereinigung 1976, S. 119)

In diesem Text ist nichts von den höheren Weihen pädagogischer Weltbeglückung zu spüren, aber auch wenig von psychoanalytisch angeleiteter Bewußtmachung unbewußter Prozesse. Aichhorns „intuitiver" Zugang zu den Verwahrlosten speiste sich mindestens aus drei Quellen:

(a) *Die Geduld mit den Verwahrlosten:* Aichhorns Behauptung, daß sich derjenige, der Geduld mit den Verwahrlosten habe, um die Früchte seiner Arbeit bringe, klingt zunächst befremdlich. Denn gerade er konnte sehr geduldig sein. So berichtet Eissler (in Aichhorn 1977, S. 204), daß Aichhorn sechs Monate lang tägliche Unterredungen mit einem Patienten führte, der überzeugt war, daß Aichhorn in dem Beruf des Patienten unterrichtet zu werden wünschte. Doch Aichhorn war nur geduldig mit sich, suchte stets nur den passenden Augenblick seiner Intervention; da konnte er warten.

(b) *Die Suche nach dem „rein Verwahrlosten":* Aichhorn „verstand" die Verwahrlosten, weil seine Phantasie beweglich genug war, sich vielfältige Motive und Wege eines verwahrlosten Lebens vorstellen zu können. Die Psychoanalyse gab ihm hier mit ihrer Theorie der frühkindlichen Objektbeziehungen ein begründendes Gerüst.

(c) *Die „Duellmentalität":* Aichhorn tritt dem Verwahrlosten nicht als Agent sozialer Mächte entgegen, sondern als Mensch. Liest man seine kleinen Fallgeschichten, besonders auch die aus seiner Beratertätigkeit, kann man sich gut vorstellen, wie er sich bei den interessanteren Fällen fast freudig die Hände rieb: „Du oder ich." Das meint natürlich nicht, daß Aichhorn sein Gegenüber vernichten wollte, das war eher die Methode traditioneller Fürsorgeerziehung. Das meint vielmehr, daß er sich mit seiner ganzen Person der „Person-Verwahrlosung", die er nicht mit dem Subjekt gleichsetzte, stellte. Entweder siegte Aichhorn oder die Verwahrlosung. Dazwischen gab es nichts. Seine bevorzugte Technik zur Erreichung dieses Ziels war eine ebenso eigenwillige wie kreative Handhabung der Übertragung.

2.2. Die Handhabung der Übertragung

Der Umgang mit der Übertragung gehört gewiß zu den spannendsten Themen der Aichhornschen Pädagogik. Bevor ich näher darauf eingehe, sollen aber noch weitere wesentliche Aspekte seiner Pädagogik kurz genannt werden:

Grundlegend sind die schon angedeuteten anthropologischen Prämissen: Verwahrlosung ist nicht an der sozialen Schädlichkeit zu bemessen, sondern als eine sinnvolle Reaktion des Subjekts auf Versagung besonders in der frühen Kindheit zu begreifen. Aichhorn weist dabei besonders auf ein Zuwenig, später auch auf ein Zuviel an Zärtlichkeit hin. Der anthropologischen Grundeinstellung entspricht Aichhorns Grundsatz von der Milde und Güte in der Erziehung. Der Verwahrloste hat immer recht.

Besonders in Oberhollabrunn hat Aichhorn auf die erzieherische Relevanz des Milieus hingewiesen. Das Milieu sollte den Kindern und Jugendlichen die Möglichkeit vielfältiger Lebensäußerungen bieten - auch solcher, die abweichend sind. Erst eine solch offene Atmosphäre schafft die Voraussetzung für wirkungsvolle pädagogische Interventionen.

Und neben anderen kann man in Aichhorn sogar einen Vorreiter der systemisch orientierten Familientherapie sehen. Besonders in den Arbeiten zu seiner Tätigkeit als Erziehungsberater findet man verblüffende Beispiele, wie Aichhorn durch geschicktes Manövrieren zwischen dem Ehepartnersubsystem, den je verschiedenen Beziehungen von Vater, Mutter und Kind bzw. Geschwistern therapeutische Effekte erzielen kann. Er bestellt in bewußtem Arrangement Eltern einzeln, zusammen, mit und ohne Kinder. Und er scheut auch vor paradoxen Interventionen nicht zurück, bei denen sogar Watzlawick aufhorchen würde:

„Ein Gutsverwalter aus dem Auslande bringt seinen Sohn, der schon in der Familie als Hochstapler gewertet wird, in die Sprechstunde, Vater und Sohn kommen gemeinsam, treten gleichzeitig ein und ich habe, wegen des besonderen Verhaltens des jungen Mannes keine Möglichkeit, mich noch vorher mit dem Vater allein zu besprechen. Die Miene des ungefähr 25jährigen zeigt die ganze Geringschätzung der gegebenen Situation; sein Blick ist prüfend überlegen, seine Gedanken etwa: Welchen Zweck hat die ganze Geschichte? Der Vater erzählt die Verfehlungen seines Sohnes mit vielen Einzelheiten. Das Verhalten des Sohnes zeigt wachsende Langeweile; die Mitteilungen des Vaters berühren ihn so wenig, als beträfen sie einen Fremden; er hat sicherlich nur den einen Wunsch, unsere, ihn anödende Unterredung möge recht bald beendet sein.

Ich sage daher, als der Vater geschlossen hat, zuerst scheinbar die Anwesenheit des Sohnes vollständig ignorierend folgendes: ‚Hochstapler behandle ich nicht; es wäre schade um meine Zeit und um Ihr Geld; ich finde eine Behandlung auch zwecklos; stellt Ihr Sohn nichts mehr an, so ist ohnehin alles in Ordnung; wird er rückfällig, dann wird er eingesperrt und Sie sind ihn los.' Nun wende ich mich zum Sohne und fahre fort: ‚Oder Sie erschießen sich, wenn Sie nicht zu feige sind, und dann ist die Angelegenheit auch erledigt'. Bei den letzten Worten dieser mit Absicht ruhig, affektlos, betont sachlich gesprochenen Sätze stehe ich auf, um zu zeigen, daß die Unterredung beendet ist.

Dem Vater ist die Bestürzung unschwer anzumerken. Aus der Miene seines Sohnes ist zu erkennen, daß die beabsichtigte Irritierung gelungen ist. Bei der Ausgangstüre reiche ich dem jungen Mann die Hand mit den Worten: ‚Behandlung können Sie bei mir nicht finden, aber wenn Sie noch einmal mit mir sprechen wollen, so erwarte ich Sie morgen.' Ich gebe ihm auch die Zeit an.

Nach kurzer Zeit kommt der Vater allein zurück und macht mir heftige Vorwürfe über mein uihm nverständliches Benehmen. Er hatte die in meinem Verhalten gelegene Absicht nicht gemerkt, und ich erkläre ihm die Notwendigkeit meiner Handlungsweise aus dem Benehmen seines Sohnes. Ich fordere ihn noch auf, seinen Sohn in dem Entschlusse, zu mir zu kommen oder nicht, ja nicht zu beeinflussen. Der Vater geht sehr erleichtert weg.

Am nächsten Tag zur festgesetzten Stunde kommt der junge Mann tatsächlich nun in ganz anderer Verfassung, viel gelöster, gefügiger, voller Erwartung - die Übertragung hat eingesetzt." (Aichhorn 1970, S. 124 f.)

Der Herstellung einer solch positiven Übertragung galt das Hauptaugenmerk Aichhorns. Die negative Übertragung und die Arbeit am Widerstand sollte seiner Auffassung nach der psychoanalytischen Therapie vorbehalten bleiben. Demgemäß unterschied Aichhorn auch den Typus des neurotisch verwahrlosten Jugendlichen, der in der Übertragung die Klischees des Familiendramas wiederaufleben läßt, und den Typus des offen Verwahrlosten. Im Falle des neurotisch Verwahrlosten konnte Aichhorn ganz im Sinne der psychoanalytischen Kur dem Verwahrlosten zeigen, daß er erkennt, wie Vater und Mutter sind, aber doch nicht, wie sie reagieren - er zieht nicht dieselben Konsequenzen wie die Eltern.

Anders im Fall der offenen Verwahrlosung. Ließe sich hier der Erzieher auf die partielle Identifikation in der Übertragung als Elternfigur ein, zöge er auch all den Haß gegenüber diesen auf sich. Hier empfiehlt Aichhorn gleichsam eine Verbündung mit dem Verwahrlosten-Ich. Systematisch ist Aichhorns Übertragungskonzept in seiner Aufsatzsammlung „Psychoanalyse und Erziehungsberatung" erläutert (Aichhorn 1970). Er unterscheidet zwischen bewußten Ich-Übertragungen, Übertragungen aufgrund von Es-Regungen und Über-Ich-Übertragungen.

Man müßte den ganzen Aichhorn rezipieren, ich denke aber, man träfe ihn in seiner Theorie nie ganz, um sein Konzept der Übertragung zu begreifen - man muß sich von seiner Praxis anrühren lassen. Dabei spielen so scheinbar nebensächliche Dinge wie der unauffällig-auffällige Blick auf ein paar verschmutzte Schuhe ebenso eine Rolle wie solch dramatische Szenen wie die Bedrohung mit dem Messer in der Gruppe der Aggressiven. Aichhorn verschweigt aber auch die Mühen und Fehlschläge nicht:

„Was Sie aus meinen Schilderungen des Erziehungsvorganges […] bisher nicht zu entnehmen vermochten, ist, daß wir auch Fehler, manchmal sogar sehr bedeutende Fehler machten. Es ist außerordentlich schwierig zu verhindern, selbst auch einmal in Affekt zu kommen, die hauptsächlichste Fehlerquelle für erzieherisch nicht einwandfreies Verhalten. […] Parteilos zu bleiben, wenn zwei sich prügeln, nicht dem Schwächeren beispringen, ist keine so leichte Sache; sich nicht ärgern, wenn drei oder vier in der Frühe in den Betten bleiben, man beim Mittagstisch allein sitzt und noch dazu gehänselt wird, ist für den Anfang eine ganz gehörige Kraftleistung, die nicht immer gelingt." (Aichhorn 1977, S. 155)

Gleichwohl ist dieses Beobachten, das Aushalten der Angriffe, das Zurückstecken eigener Affekte erst die Voraussetzung für die eigentliche erzieherische Arbeit nach Herstellung der Übertragungsbeziehung. Welch bisweilen abenteuerliche Wege Aichhorn zu diesem Zweck ging, soll ein letztes Beispiel verdeutlichen:

„Wie schwierig manchmal die Übertragung bei stark narzißtischen, das heißt in sich selbst verliebten Zöglingen herzustellen ist, möchte ich Ihnen an einem Zögling des Erziehungsheimes in Oberhollabrunn zeigen.
Es handelte sich um einen siebzehnjährigen Lebemann und Spieler, der sich zuerst als Börsenspekulant und dann als Schleichhändler sehr hohe Beträge verdiente. Seine Laufbahn begann er als Kontorist, kam als Fünfzehnjähriger zu einem Winkelbankier, der den intelligenten, sehr verwendbaren Jungen mit Börsenaufträgen betraute und ihm ermöglichte, Geschäfte auch auf eigene Rechnung zu machen. So brachte er 35.000 Kronen zusammen, mit denen er sich selbständig machte. Für das Jahr 1917 war dies ein bedeutendes Betriebskapital. Er fuhr nach Galizien und brachte von dort Lebensmittel mit, die er im Schleichhandel weitergab. Das Geschäft warf reichen Gewinn ab. In Wien führte er ein lockeres Leben, trieb sich in Nachtlokalen herum, hielt zweifelhafte Damen aus und verbrachte viel Zeit mit Kartenspiel, das er leidenschaftlich betrieb. Gewinn und Betriebskapital verschwanden. Um sich dieses wieder zu verschaffen, räumte er seiner Mutter den Wäschekasten aus. Diese, nach äußerst trauriger Ehe verwitwet, hatte wiederholt versucht, den mittlerweile siebzehn Jahre alt gewordenen zu einem ordentlichen Lebenswandel zu

bringen. Da es ihr nicht gelang, nahm sie die Hilfe einer Jugendfürsorgeorganisation in Anspruch, die den Jungen zu uns brachte.
Es war einer von denen, die keine besonderen Schwierigkeiten machen, solange man sich mit guter Aufführung in der Anstalt begnügt. Solche Zöglinge sind höflich und zuvorkommend, recht anstellig und zu leichteren Kanzleiarbeiten gut zu gebrauchen. Bei ihren Mitzöglingen wissen sie sich ohne Reibungen einzuleben und erlangen doch bald eine gewisse Führerrolle. Wenn man sich aber näher mit ihnen beschäftigt, wird man die Schwierigkeiten gewahr. Innerlich verkommen, äußerlich aalglatt, geben sie keine Angriffsfläche zu erzieherischen Einwirkungen. Ihr Gehaben ist Maske, zwar eine sehr gute, aber doch nur Maske. Dem Erzieher schließen sie sich nicht an und verhindern auch jeden Annäherungsversuch desselben. Die Übertragung, die gerade bei ihnen sehr stark sein muß, ehe auch nur daran gedacht werden kann, erzieherisch auf sie einzuwirken, ist fast nicht herzustellen. Sie gehören eben zu denen, die sich in der Anstalt nichts zu schulden kommen lassen und sehr bald den Eindruck machen, geheilt zu sein. Sobald sie aber wieder ins freie Leben zurückkommen, sind sie die alten. Bei ihnen ist daher äußerste Vorsicht geboten." (Aichhorn 1977, S. 119 f.)

Wenn mich meine eigenen Erfahrungen mit abweichenden Jugendlichen nicht täuschen, haben es Sozialpädagogen heute vielfach mit diesem von Aichhorn beschriebenen Typus zu tun. Diese Jugendlichen geben sich cool, die Pädagogen werden mit „He, Beziehungsheini" angeredet, und sehr deutlich spürt man eine fast parasitäre Anspruchshaltung. Wenn man diese einigermaßen erfüllen kann, ist man ein geduldeter Typ - pädagogisch ist das jedoch oft eine äußerst unbefriedigende Situation.

Wie geht Aichhorn mit diesem Jugendlichen um? Der jugendliche Lebemann wußte sich jeglicher Einflußnahme zu entziehen. Aichhorn hatte jedoch bemerkt, daß sich der Junge in Oberhollabrunn recht wohl fühlte. Er „überredet" nun den Jungen, indem er ihm das Leben außerhalb von Oberhollabrunn durch die Blume schmackhaft macht, zum „Durchgehen":

„Es genügte auch tatsächlich eine halbstündige Aussprache mit entsprechender Stimmungsbeeinflussung und nach einer weiteren halben Stunde kam vom Erzieher seiner Gruppe die Nachricht, daß er durchgegangen sei. Der erste Teil der ‚Erziehungshandlung' war geglückt, den Zögling hatte es unwiderstehlich hinausgezogen. Der Erzieher wußte nicht, daß das Durchgehen von mir provoziert worden war. (Ich mache während eines Versuches dem Erzieher nur dann davon Mitteilung, wenn ich seiner Mithilfe bedarf, da es im ständigen Zusammenleben mit den Zöglingen sehr schwierig ist, unbefangen zu bleiben. Ist der Versuch gelungen oder auch ergebnislos verlaufen, so gibt er Anlaß zu lebhaftem Meinungsaustausch.) Bei unserem siebzehnjährigen Lebemann und Spieler war das geglückte Provozieren zum Durchgehen der Auftakt zur Herstellung der Übertragung. Ich vermute seine Rückkehr schon am zweiten Tage. Als der achte Tag vorüber war und er noch immer nicht erschien, fürchtete ich, mit meinem Eingreifen einen Fehlgriff getan zu haben.
Am zehnten Tage um halb zehn Uhr abends klopfte es an meiner Wohnungstüre. Franz (nennen wir ihn so) war da. Er war körperlich ermattet und seelisch derart in Spannung, daß ich vermutete, er könne erzieherisch viel mehr leisten zu können, als ich bei der Provokation seines Durchgehens beabsichtigt hatte. Ich machte ihm keinerlei Vorwürfe wegen seines Durchgehens, die er allem Anscheine nach erwartet hatte, sah ihn einen Augenblick ernst an und fragte ihn dann sofort: ‚Wann hast du zum letztenmal gegessen?' - ‚Gestern abends.' Ich nahm ihn in meine Wohnung, setzte ihn an meinen Tisch, wo die Familie ge-

rade beim Abendessen war, und ließ auch ihm anrichten. Franz, der auf alles andere eher gefaßt war, kam dadurch so aus dem Gleichgewicht, daß er nicht essen konnte. Trotzdem ich das sah, fragte ich: ‚Warum ißt du nicht?' - ‚Ich kann nicht, darf ich draußen essen?' ‚Ja, geh' in die Küche'. Er bekam seinen Teller so lange nachgefüllt, bis er satt war. Es war mittlerweile zehn Uhr geworden. Ich ging zu ihm in die Küche und wandte mich an ihn mit den Worten: ‚Es ist schon spät, du kannst heute nicht mehr in deine Gruppe gehen, du wirst bei mir schlafen.' Ich bereitete ihm im Vorzimmer ein Lager, Franz legte sich schlafen, ich strich ihm über den Kopf und wünschte ihm eine gute Nacht. Am nächsten Morgen war die Übertragung da, so daß es erzieherisch recht gut mit ihm vorwärts ging." (op. cit., S. 121 f.)

Solcherlei Beispiele ließen sich mehren. Aichhorn zeigt sich als Meister und kreativer Erfinder in der Herstellung von Übertragungsbeziehungen.

Im Gegensatz zu den Fällen, in denen sich eine stellvertretende Elternschaft in der Übertragung gleichsam spontan herstellt, muß Aichhorn hier jedoch den Umweg über einen gewagten Kunstgriff gehen, um eine Übertragung zu evozieren. Der Erzieher muß sich mit dem Ich des Verwahrlosten verbünden, um es so von den gewohnten Beziehungen zu den anderen zu entbinden, und kann erst danach mit Hilfe der Vorgehensweise in der klassischen Analyse die Erziehungsarbeit gestalten. Aichhorns Arbeiten sind voll von überraschenden Beispielen für solche evozierten Übertragungen.

3. Offene Fragen

Der Erfindungsreichtum und die intuitive Sicherheit in problematischen Situationen, die man an den Eingriffen eines Pioniers wie Aichhorn bewundert, dürfen aber nicht vergessen lassen, daß sie in ihrer Form immer wieder neu angepaßt werden müssen. Dabei sollten zumindest vier Aspekte bedacht sein: die Erzieherperson, die Zeit, der Ort und die psychische Verfaßtheit der jugendlichen Abweichler.

1. Zur Erzieherperson: Einen Pädagogen wie Aichhorn kann man durch keinen Ausbildungsgang hervorbringen. Er ist ein Geschenk. So schreibt Peter Blos: „Aichhorn hatte eine außergewöhnliche, hypnotisierend wirkende Persönlichkeit, und jeder junge Praktiker stand vor der Gefahr, ihn zu imitieren und so nicht seinen, seinen eigenen Möglichkeiten angemessenen Stil zu finden" (Wiener Psychoanalytische Vereinigung 1976, S. 87). Und gegenüber Edith Buxbaum meinte Aichhorn, „er könne es niemandem beibringen, wie er in einem anderen Fall vorgehen sollte, da ja nie zwei Fälle gleich seien" (op. cit., S. 87 f.). Man sieht, auf eigentümliche Weise präsentiert sich Aichhorn als attraktives Identifikationsobjekt, entzieht sich jedoch bequemer Einverleibung - ein Grundzug, der auch seine Pädagogik der Verwahrlosten durchzieht. Das mag Methodengläubigen ein zu verwirrendes Verhalten sein und vielleicht auch ein Stück Unmöglichkeit psychoanalytischer Pädagogik bedeuten - denn wenn psychoanalytische Pädagogik derart eng an die Person des Erziehers gebunden ist, stellt sich die Frage nach einer Tradierbarkeit eines Projekts psychoanalytischer Pädagogik in jeder Generation neu. Könnte es aber nicht vielleicht ihr Geheimnis sein, daß es eben auch wichtig ist, Fragen und nicht nur Antworten zu tradieren?

2. Zur Zeit: Aichhorns auf Milde und Güte und auf die Person des Verwahrlosten konzentriertes Erziehungskonzept war in einer Zeit vorwiegend repressiver Erziehung in der Familie und mehr noch in der Verwahrlostenpädagogik etwas Neues. Allein schon durch dieses Konzept und die Milieugestaltung konnten Aichhorn und seine Mitarbeiter vielen Verwahrlosten eine Lebenserfahrung verschaffen, die für sich schon tiefen Eindruck hinterließ. - Anders heute: Aus falsch verstandenem Mitleid, problematischen politischen Identifikationen oder abenteuerlicher Sozialromantik können sich in vielen pädagogischen Institutionen die Abweichler gleichsam in „Milde und Güte" baden. In einem solchen Klima stellt sich die Frage nach der Möglichkeit pädagogisch evozierter Übertragung ganz anders. Man wird nach neuen, möglicherweise recht langwierigen und mühsamen Wegen suchen müssen, will man dieses Kernstück der Aichhornschen Pädagogik nicht preisgeben.

3. Zum Ort: 1934 lag Aichhorn ein Angebot vor, in der Nähe von New York in vollkommen eigener Regie ein Heim für verwahrloste Kinder und Jugendliche zu realisieren. Neben mehr persönlichen Gründen - Alter, Geld („Erwähnen muß ich noch, daß mein jetziges Einkommen den mir angebotenen Betrag übersteigt") - war vor allem folgendes Argument für seine Ablehnung maßgebend: „Ich kann solange nicht in der Erziehung amerikanischer Verwahrloster tätig mitarbeiten, solange ich nicht die Sprache und, mehr noch, die Mundart beherrsche. Für diese Notwendigkeit sehe ich genug Bespiele, wenn Ausländer, die verhältnismäßig gut deutsch sprechen, verwahrloste Wiener Jugendliche in Behandlung nehmen. Ich weiß nicht, wieweit meine Arbeitserfolge bei Verwahrlosten nicht eben gerade auf meinem Verständnis der Wiener Jugendlichen überhaupt beruhen und ob nicht die Herstellung der Übertragung, die sich hier selbstverständlich ergibt, dort eine Unmöglichkeit wäre." (Wiener Psychoanalytische Vereinigung, S. 111). Könnte es nicht so etwas geben wie eine schlichte Anbindung des Psychischen an das, was die Phänomenologen Lebenswelt nennen? Das hieße dann auch, daß psychoanalytisches Verstehen dort an Grenzen stößt, wo sich dem Erzieher die je subkulturell differenzierenden Äußerungsmöglichkeiten entziehen.

4. Zur psychischen Verfaßtheit jugendlicher Abweichler: Es stellt sich auch die Frage, ob die Widerstände der heutigen Jugendlichen nicht vielleicht andere sind als im Wien zur Zeit Aichhorns; etwa, ob tatsächlich eine Verschiebung von mehr ödipalen Konflikten hin zu präödipalen, narzißtischen Störungen vorliegt. Interessant wäre auch die Frage, ob die von Aichhorn für die Erziehungsarbeit tabuierte negative Übertragung nicht noch einmal überdacht werden müßte. Wie immer die Diskussion über diese und andere Punkte bei der Vergegenwärtigung des Aichhornschen Werkes auch ausgehen mag, und auch beim Fehlen letzter theoretischer Klarheit sollte man einen Hinweis dieses Pioniers beachten: „Vielleicht verdanken wir den Erfolg auch zum Teil unserem Wagemute, einem Stück Unerschrockenheit und auch dem Umstande, daß wir uns von unserer Umgebung nicht kleinkriegen ließen, uns auch nicht scheuten, unsere Jungen groß werden zu lassen" (Aichhorn 1977, S. 156).

Literatur

Aichhorn, A.: Verwahrloste Jugend. Zehn Vorträge zur ersten Einführung (1925). Bern 1977.

Aichhorn, A.: Psychoanalyse und Erziehungsberatung. (Beiträge zur Kinderpsychotherapie. Bd. 7.) Hrsg. v. G. Biermann. München 1970.

Wiener Psychoanalytische Vereinigung (Hrsg.): Wer war August Aichhorn? Wien 1976.

Jacques Berna

HEINRICH MENG

(1887-1972)

Heinrich Meng wurde am 9. Juli 1887 in Hohnhurst in Baden geboren, lebte in Stuttgart, Frankfurt und Basel und begründete an der Universität Basel, in Zusammenarbeit mit Paul Federn, die Psychohygiene. Er starb am 10. August 1972 in Basel.

„Die Geschichte der Psychoanalyse in Stuttgart ist in ihren Anfängen mit dem Namen *eines* Mannes verknüpft, mit Heinrich Meng", schreibt Werner Bohleber (1986, S. 378) in seinem Aufsatz „Zur Geschichte der Psychoanalyse in Stuttgart". Bohleber zeigt unter anderem, in welchem Ausmaß an der durch die Hitlerzeit ideologisch revidierten Psychoanalyse des „Göring-Instituts" auch noch in den Nachkriegsjahren festgehalten wurde. Er skizziert aber auch die hoffnungsvollen Anfänge: Es war vor allem Heinrich Meng, der in der Gründerzeit, während der zwanziger Jahre, die Psychoanalyse in Stuttgart als „seelischen Gesundheitsschutz" einzuführen versuchte. (Der folgende biographische Abriß folgt hauptsächlich der Darstellung von Bohleber [1986], der sich seinerseits vorwiegend auf Heinrich Mengs Autobiographie [1971] stützt.)

Nach dem Studium der Medizin in Freiburg i. Br., Leipzig, Würzburg und Heidelberg wandte sich Meng der Psychiatrie zu. Sein späteres Aufgabengebiet der Psychohygiene nahm seinen Anfang während seiner Assistenzjahre in Pädiatrie und ernährungswissenschaftlichen Fragen. 1914 ließ er sich als praktischer Arzt in Stuttgart nieder.

Durch Karl Landauer angeregt, zeigte Meng schon während des Krieges Interesse für die Psychoanalyse. Er war überzeugter Pazifist, und sein Studium konzentrierte sich einerseits auf Psychologie, andererseits auf den Sozialismus. Die Freundschaft mit Clara Zetkin brachte ihm Gelegenheit, sich intensiv mit dem Sozialismus zu beschäftigen, auch angeregt durch die internationalen Besucher bei seiner Nachbarin Zetkin. In seinem Buch „Leben als Begegnung" schreibt Meng: „Die Kenntnis des Sozialismus, die sich auch auf meine Entwicklung als Psychohygieniker auswirkte, hat mich den drohenden Ungeist des Faschismus und des Nationalsozialismus früh erkennen lassen" (Meng 1971, zit. n. Bohleber 1986, S. 378).

„1918 begann Meng einen Briefwechsel mit Freud, der bis zu dessen Tode fortgeführt wurde. Freud nannte Meng später einmal ‚eine der großen Hoffnungen der Psychoanalyse'" (Bohleber 1986, S. 378). 1919 folgte Meng Freuds Einladung nach Wien. Freud empfahl ihm drei Analytiker: Paul Federn, Otto Rank und Theodor Reik. Meng wählte Federn. Die beiden befreundeten sich und arbeiteten intensiv zusammen, trotz der Distanz nach Federns Emigration in die USA. Die lebenslange Freundschaft und die fruchtbare wissenschaftlich-psychoanalytische Zusammenarbeit führte Meng oft nach Wien.

In Berlin arbeitete Meng an der psychoanalytischen Poliklinik und absolvierte dort seine Lehranalyse. Er bekundete großes Interesse an der gesamten Medizin und Politik. So bedeutete ihm die Homöopathie neben der Psychoanalyse sein Leben lang sehr viel, und er erwarb sich als Arzt einen bedeutenden Ruf. 1923 wurde er als Konsiliarius in den Kreml gerufen, wo Lenin schwer erkrankt war. Da die Psychoanalyse in Rußland vor der Stalin-Ära durchaus gepflegt wurde, erhielt Meng Einladungen zu Vorlesungen, und er behandelte als Mediziner hochrangige sowjetische Persönlichkeiten.

In Stuttgart entfaltete Meng vielseitige Aktivitäten. Er pflegte den Kontakt zu tiefenpsychologisch interessierten Ärzten, arbeitete auch mit Kindern, entsprechend seinen psychoanalytischen Kenntnissen (damals war die Kinderanalyse außerhalb des Wiener Kreises um Anna Freud noch kaum bekannt), und er entfaltete großes Interesse an pädagogischen Problemen, auch an solchen, die sich in den Schulen ergaben. Freud vermittelte den Kontakt zwischen Meng und Zulliger, dem Lehrer in der Nähe Berns, der 1935 sein viel beachtetes Buch „Schwierige Schüler" herausgab. Zulliger kam nach Stuttgart und hielt Vorträge über Erziehungsfragen, wie auch Meng viele Vorträge über Gesundheitspflege und Krankheitsvorbeugung hielt. Robert Bosch, der Industrielle, interessierte sich für Mengs Ansichten. Er stiftete zu jener Zeit ein Krankenhaus, um der Homöopathie ein Wirkungsfeld zu öffnen. Meng wurde Chefarzt und übernahm auch die Poliklinik des neugegründeten Robert-Bosch-Krankenhauses. Hier gründete er einen Kreis von psychoanalytisch interessierten Ärzten.

Bosch und Meng hatten ein gemeinsames Interesse: Aufklärung und Gesundheitsvorsorge der unteren Schichten. Daher stiftete Bosch das Kapital für einen Verlag, den Hippokrates-Verlag. Meng realisierte innerhalb dieses Verlags eine große Anzahl von Projekten und Veröffentlichungen. Paul Federn und August Fiessler waren die Mit-Herausgeber des 1924 in zwei Bänden erschienenen „Ärztlichen Volksbuchs", das 1930 als Einzelband mit fast 1200 Seiten veröffentlicht wurde, da der Absatz des zweibändigen Werks zu wünschen übrig ließ.

Im Hippokrates-Verlag redigierte Meng eine Reihe mit dem Titel „Bücher des Werdenden", als ersten Band ein Buch von Edward Carpenter über sexuelle Aufklärung, dann zusammen mit Paul Federn das „Psychoanalytische Volksbuch". Der zweite Teilband dieses Volksbuches ist der „Krankheitskunde und Kulturkunde" gewidmet; er erschien 1928 und hatte, wie die anderen Veröffentlichungen des Verlags, wenig Resonanz.

Im Jahre 1926 gründete Meng zusammen mit Ernst Schneider aus Riga die „Zeitschrift für Psychoanalytische Pädagogik", die bis 1937 mit Beiträgen aller belangreichen Psychoanalytiker, die sich mit Kinderanalyse und Pädagogik befaßten, in immer umfangreicheren Heften und mit mehr und mehr Einfluß erschien. Heinrich Meng schrieb im ersten Jahrgang zwei Artikel: „Gespräche mit einer Mutter" und „Sexuelles Wissen und sexuelle Aufklärung". Vom 5. Jahrgang (1931) an zeichnete Anna Freud als Mitherausgeberin dieser Zeitschrift. In jedem Jahrgang schrieb Meng einen oder mehrere Artikel, wobei auffällt, daß er sich nicht nur mit rein erzieherischen, sondern auch mit politischen und religiösen Problemen befaßte. Meng lag die Förderung und Ausbreitung der psychoanalytischen Pädagogik sehr am Herzen.

1927 und 1929 veranstalteten Meng und Schneider in Stuttgart jährlich eine pädagogische Woche, betitelt „Zur Einführung in die psychoanalytische Pädagogik für Erzieher, Lehrer und Ärzte". Hier sprach auch Hans Zulliger als Referent, zusammen mit mehreren bekannten Analytikern.

Im 3. Jahrgang der „Zeitschrift für Psychoanalytische Pädagogik" sind die Reden abgedruckt, die zur Eröffnung des Psychoanalytischen Instituts in Frankfurt am Main (am 16.12.1929) gehalten wurden. Gegründet wurde das Institut von der süddeutschen psychoanalytischen Arbeitsgemeinschaft; es galt als „Gastinstitut für Psychoanalyse an der Universität". Das Institut arbeitete mit dem Institut für Sozialforschung von Max Horkheimer und Theodor W. Adorno zusammen. Meng übersiedelte 1929 von Stuttgart nach Frankfurt.

1933 - nach der Machtübernahme - schlossen die Nazis das Frankfurter Psychoanalytische Institut. Die Dozenten emigrierten. Meng als einziger Nichtjude war zunächst nicht unmittelbar bedroht. Nach einer Hausdurchsuchung wegen des Verdachts, Kommunisten versteckt zu haben, entschloß sich Meng im Sommer 1933, nach Basel zu emigrieren. In Basel hatte er von 1945 bis 1956 den Lehrstuhl für Psychohygiene inne. Dort ist er 1972 nach längerer Krankheit auch gestorben.

Für uns stellt sich die Frage, welchen Einfluß Meng auf die Pädagogik auszuüben vermochte und ob die psychoanalytische Pädagogik ganz allgemein und im besonderen von Mengs Arbeiten aus noch Gültigkeit hat. Zitate aus verschiedenen Arbeiten Mengs können deutlich machen, wie weit sein Einfluß gültig war und noch gültig ist.

1931 schreibt Meng in der Zeitschrift für Psychoanalytische Pädagogik" einen Artikel „Psychoanalyse und Sexualerziehung". Darin finden sich folgende Sätze: „Eine der großen Leistungen Freuds ist, die allerfrühesten Phasen und tiefsten Schichten des kindlichen Seelenlebens beschrieben zu haben. Er konnte zeigen, daß außer der mitgebrachten Konstitution von entscheidender Bedeutung für spätere Genußfähigkeit, Arbeitsfähigkeit und Reife die Idealbildung ist, die das Kind schon sehr früh auf Grund der Eindrücke seines Milieus anbahnt. Vor allem richtet sich das Kind in seiner Fähigkeit, Triebe zu zähmen und zu beherrschen, nach dem Verhalten der Menschen, die es liebt und verehrt. Es wird also nur d e r Erzieher geeignet sein zum Erziehen, der gleichmäßig und ausgeglichen das leistet, was er vom Kind verlangt" (Meng 1931, S 11). Und er beschließt den Aufsatz mit folgenden Gedanken: „Der Schwerpunkt der psychoanalytisch orientierten Sexualerziehung liegt in der Nacherziehung des Erwachsenen und in seiner Anpassung an das Kind. Sexuelle Aufklärung ist weniger eine Angelegenheit des Wortes als des gesamten Verhaltens der Umwelt. Vermittlung von intellektuellem Wissen ist viel unwichtiger als Ordnung und Führung in der Triebentwicklung. [...] Wir sind überzeugt, daß der Weg einer psychoanalytisch orientierten Sexualerziehung nicht nur zum besseren Verständnis des Heranwachsenden führt, sondern vor allem zum tiefen Erkennen des Wesens des Einzelnen und der Menschheit!" (op. cit., S. 12)

Wir fragen uns natürlich, wie Meng den praktischen Weg, den Alltag der Erziehung sieht. Zur Beantwortung hilft uns am ehesten die Lektüre seiner Bücher, vor allem der beiden Werke „Strafen und Erziehen" (1934) und „Zwang und Freiheit in der Erziehung" (1944). Ich greife aus dem ersten Buch einige Gedanken aus dem neunten Kapitel „,Straffreie' Erziehung und Selbstzucht" heraus:

„Das Problem der Strafe darf aber nicht im luftleeren Raum behandelt werden, sondern konkret von der Kinderstube, von der Schulklasse, vom Kind und vom Lehrer aus. Strafen bedeutet, je nach der Zeit, in der eine bestimmte Triebkonstellation des Kindes wirksam ist, und je nach dem Milieu Verschiedenes; deshalb kann es keine Strafrezeptkunde geben. Was wir an Resultaten der sogenannten strafenden oder straflosen Erziehung zuschreiben und was wir als allgemeines Prinzip daraus folgern, ist nicht ohne weiteres überzeugend für einen bestimmten Entschluss, es so oder anders zu machen. Jeder Heranwachsende ist bei den wechselnden Erziehungspersönlichkeiten in Elternhaus und Schule, bei den verschiedenen Erziehungsprinzipien von Vater oder Mutter, Lehrer, Hausangestellten, Soldat, Polizist u. a. anonymen Miterziehern bald mehr der Strafe und bald der Belohnung verfallen. Die bekannten und anonymen Wirkungen all dieser Erziehungsmittel für jetzt und später sind selten direkt zu erraten und selten zu beweisen. Wir sind auf der Suche nach Gesichtspunkten, die uns auf längere Sicht eine genügende Wahrscheinlichkeit geben über den Einfluss des Strafens oder Nichtstrafens auf Charakterbildung und Lebenstüchtigkeit. Zur Prüfung der Gesichtspunkte dient uns eine Forderung Freuds: Nach seiner Meinung soll *im Erziehungsprozess das Individuum mit der geringsten Einbusse an Aktivität kulturfähig und sozial werden."* (Meng 1934, S. 157 f; Hervorhebung im Original)

Freud wird von Meng immer wieder zitiert, und er erachtet seine Erziehungsanweisungen als logische Schlußfolgerungen aus den theoretischen und praktischen Hinweisen von Freud. So schreibt er im Buch „Zwang und Freiheit in der Erziehung" im 13. Kapitel, das er mit „Zwang und Freiheit als Problem des Erziehers" betitelt: „Der wichtigste Fund - wir verdanken ihn Freud - ist die Tatsache: das Unbewußte des Erziehers wirkt auf das Unbewußte des Kindes. Hier ist ein wesentlicher Beitrag zu der Frage, ob Zwang, ob Freiheit in der Erziehung herrschen soll, geleistet" (1953, S. 107). Und der Schlußsatz dieses Kapitels lautet: „Triebe sind an und für sich nicht gut oder böse, aber das Ich und das Gewissen können unterentwickelt sein. Sie sind unfähig, richtig zu steuern und verantwortlich zu unterscheiden, was gut und was böse ist" (op. cit., S. 115).

Die hier vorgetragenen Hinweise zu Leben und Wirken von Heinrich Meng sind nicht mehr als ein kleiner Auszug aus der enormen Arbeitsleistung eines Mannes, dessen ganze Kraft seinen Patienten, der Wissenschaft, der Gesellschaft gespendet wurde. Er sah damals und während seines ganzen Lebens die große Bedeutung der Triebe für den Aufbau der Persönlichkeit. Mit einem unverwüstlichen Fortschrittsglauben bekundete er mit unerschütterlicher Sicherheit, die Lehren aus der Freudschen Psychoanalyse seien der einzige Weg, die Menschheit vor dem Untergang zu retten. So hörte er sich in den vierziger Jahren zwar die Versuche einer Erweiterung der psychoanalytischen Theorie und Technik an - ich denke an Hartmann, Kris und Loewensteins Ich-Psychologie -, warnte aber seine Kollegen und Schüler, sich von solchen „Abtrünnigen" beeinflussen zu lassen. Ich denke auch an Anna Freud und ihre Bücher, im pädagogischen Bereich besonders an „Wege und Irrwege in der Kinderentwicklung" (1965/1971). Hier erfährt die psychoanalytische Pädagogik eine enorme Erweiterung durch die Erfassung und differenzierte Darstellung der Entwicklungslinien, die für den Pädagogen ebenso hilfreich zum Verständnis des Kindes sind wie für den Psychoanalytiker, ob Kinder- oder Erwachsenentherapeut. Anna Freud schreibt mit beneidenswerter Klarheit und Einfachheit, und viele Probleme werden einleuchtend klar (vgl. auch Berna 1973). Für Meng galt allein Freuds Aussage, auf der er in seiner Weise weiterzudenken und aufzubauen versuchte.

Literatur

Berna, J.: Kinder beim Analytiker. Erziehungsprobleme und Therapie. München 1973.

Bohleber, W.: Zur Geschichte der Psychoanalyse in Stuttgart. In: Psyche 40 (1986), S. 377-411.

Freud, A.: Normality and Pathology in Childhood. Assessments of Development. New York 1965. (Deutsch: Wege und Irrwege in der Kinderentwicklung. Stuttgart 1971.)

Meng, H.: Psychoanalyse und Sexualerziehung. In: Zeitschrift für Psychoanalytische Pädagogik 5 (1931), S. 5-12.

Meng, H.: Strafen und Erziehen. Bern 1934.

Meng, H.: Zwang und Freiheit in der Erziehung. Bern ^{2}1953.

Meng, H.: Leben als Begegnung. Stuttgart 1971.

Burkhard Müller

SIEGFRIED BERNFELD

(1892-1953)

Viele der Pioniere der Psychoanalytischen Pädagogik, etwa Bettelheim, Redl oder Zulliger, sind über Fachkreise hinaus bekannt und gelesen, populär im besten Sinne des Wortes. Sie sind Praktiker, die die wenig verbreitete Gabe haben, anschaulich darzustellen, was sie tun, und zugleich den theoretischen Hintergrund verständlich zu machen, vor dem sie handeln. Ihre „Unhandlichkeit" erschließt sich erst auf den zweiten Blick. Sie versteckt sich gleichsam hinter den eindrucksvollen Gestalten dieser Pädagogen und Therapeuten selbst, sofern offen bleibt: Sind es die einmaligen, nicht wiederholbaren Wirkungen einer großen Persönlichkeit und ihrer Intuitionen, die da beschrieben werden, oder geht es um lehrbare und lernbare Methoden? Und welchen Anteil hat die Psychoanalyse daran?

Bernfeld erscheint schon auf den ersten Blick als „unhandlich". Als großer Praktiker ist er kaum bekannt, sondern eher als scharfer Kritiker der „Illusion", das, was „große Pädagogen" zuwege brächten, sei Wirkung der Pädagogik und müsse nur korrekt nachgeahmt und durch Ausbildung vervielfältigt werden, um auch im großen und breiten wirksam zu werden (Bernfeld 1925, S. 123 f.). Bernfeld ist bekannt als derjenige, welcher der Pädagogik ihre „gesellschaftliche Grenze" ins Stammbuch schrieb: Sie sei „ein taugliches Instrument gerade durch ihre Mängel" (op. cit., S. 46), weil nämlich die Gesellschaft, so wie sie ist, den „erfreulichen Typus Mensch" (op. cit., S. 156), den die pädagogischen Idealisten anstreben, gar nicht brauchen könne und deshalb nur als Ausnahmen zulasse; und die Psychoanalyse, die zweifellos so vielen Mängeln abhelfen könnte, sei vielleicht eben deshalb nicht mehr als „die letzte Illusion der Pädagogik" (Bernfeld 1928, S. 107).

Ist also Bernfeld überhaupt ein „psychoanalytischer Pädagoge"? Von ihm als pädagogischem Praktiker wissen wir nicht sehr viel:

- Er war in seiner Jugend als Anführer der Wiener Schüler- und Studentenbewegung vor, während und nach dem ersten Weltkrieg offenkundig ein charismatischer Jugendführer. Ein Mitglied seiner damaligen „Fan-Gemeinde" erinnert sich:

„Die Wiener Jugendbewegung hatte von Anfang an ihren Führer, und das war Siegfried Bernfeld. Der große, schöne Psychologiestudent mit den pechschwarzen, zurückliegenden Haaren und den riesigen schwarzen Augen hatte nicht nur ein mitreißendes Äußeres, er hatte tatsächlich alles Zeug zu einem Jugendführer in sich: Leidenschaft und doch eine ruhige, verhaltene Art, jeden einzelnen anzuhören und auf ihn einzugehen, umfassendes Wissen, ausgesprochene Begabung für Gemeinschafts- und Organisationsarbeit und jene Mischung von pädagogischem und psychologischem Können, das immer mehr junge Leute zu ihm als Freund und Führer aufsehen ließ." (K. Leichter, zit. bei Herrmann 1992, S. 11 f.)

Dieser Schwung muß ihm geblieben sein, jedenfalls nach Sigmund Freuds Urteil, der ihm in einem Empfehlungsschreiben an die Berliner Pädagogische Fakultät 20 Jahre später attestiert, er sei ein „vorzüglicher Redner und ungemein erfolgreich als Lehrer. Ich habe wiederholt gesehen, wie er als Vortragender die Hörer mit sich fortzureißen verstand" (zit. bei Tenorth 1992, S. 33).

- Bernfeld hatte auf die jüdische Pädagogik, aus der die Kibbuz-Erziehung hervorging, einen großen und bis heute nur wenig gewürdigten Einfluß. Sein 1919 als Utopie entworfenes Programm der Erziehung im (noch nicht existierenden) Land Israel ist dort später zum Teil bis in Einzelheiten umgesetzt worden (vgl. Melzer/Yitzehaki 1992, bes. S. 127 ff.). Wie Dudek zeigt, ist diese Pädagogik aus einer Radikalisierung und Politisierung der Jugendbewegung und Reformpädagogik durch ostjüdische Strömungen hervorgegangen, die ihrerseits durch die Reformpädagogik angestoßen wurden, ihre Programmatik um kulturelle und Erziehungsfragen zu erweitern. „Der Person, dem Denken und dem Werk Siegfried Bernfelds kommt bei dieser Synthesis eine Schlüsselstellung zu" (Dudek 1989, S. 63).

- Schließlich gibt es einen 1921 verfaßten Rechenschaftsbericht Bernfelds über einen „ernsthaften Versuch mit neuer Erziehung", das Kinderheim Baumgarten, in dem er beschreibt, wie er seine Ideen von Gemeinschaftserziehung, Schulgemeinde (im Sinne seines Lehrers Gustav Wyneken) und psychoanalytischer Pädagogik umzusetzen suchte, bis er nach einem halben Jahr erfolgreicher Arbeit wegen bürokratischer Widrigkeiten das Handtuch warf. In späteren Jahren reflektiert Bernfeld seine Arbeit als Analytiker und Pädagoge vor allem in theoretischen Skizzen und Vorträgen, während seine praktische Arbeitsweise dahinter verborgen bleibt und erst durch neuere Beiträge besser sichtbar wird (Fallend/Reichmayr 1992; Federn 1993; Erich 1993).

Und doch hat Bernfeld vielleicht mehr als irgendein anderer dazu beigetragen, psychoanalytische Pädagogik als Disziplin zu begründen: nicht als genialer Sozialpädagoge oder Heilerzieher wie Aichhorn, Bettelheim, Redl, nicht als Erneuerer einer analytisch sensibilisierten Schulpädagogik wie Zulliger; wohl aber als derjenige, der klarer als andere das Verhältnis von Pädagogik und Psychoanalyse bestimmt hat. Er zeigte, daß die Pädagogik als Wissenschaft erst dann ein verläßliches Fundament für die Erziehungspraxis abgeben kann, wenn sie die Einsichten der Psychoanalyse (freilich nicht nur die ihren) nutzt, um ihr eigenes Territorium der begrenzten Möglichkeiten abzustecken, anstatt das Feld des Pädagogischen aus einer Art Urzeugung der pädagogischen Autonomie gewinnen zu wollen, wie er es dem pädagogischen Idealismus seiner Zeit vorwarf (Bernfeld 1925, S. 127 ff.).

Bernfelds eigener Anspruch war, daß die Kritik des pädagogischen Sisyphos kein Defätismus sei, sondern Suche nach einem festen „Baugrund" (op. cit., S. 67) für pädagogische Theorie. Sigmund Freud hat zu Recht von Bernfeld gesagt, er habe „als Pädagoge begonnen" und sei im wesentlichen auch „Pädagog geblieben" (zit. nach Tenorth 1992, S. 33). Dies stimmt gerade deshalb, weil Bernfeld zwar auch praktizierender Analytiker war, aber nie psychoanalytischer Pädagoge in dem Sinne, daß er die für pädagogisches Handeln brauchbaren Stücke der analytischen Theorie in sein pädagogisches Konzept eingebaut hätte. Er wollte die ganze Psychoanalyse und die ganze Pädagogik - ohne beides zu mischen (vgl. Körner 1990; Müller 1992).

Im Bild geredet: Psychoanalyse war für Bernfeld als „Bau*grund*", als Beschreibung des Territoriums, der Erde, auf der Pädagogik sich bewegen, ihre Wirkungen entfalten muß, unentbehrlich; aber nicht als „Bau*material*", nicht als zurechtgehauene Steine für ein Fundament, nicht als Regenschutz bei schlechtem Wetter und nicht als Zement für ihre Risse! Dasselbe gilt für Bernfelds Verhältnis zu anderen Wissenschaften. Seine Überzeugung von der prinzipiellen Richtigkeit der Grundthesen marxistischer Soziologie (an denen man heute zweifeln mag) hat ihn nie zu jenem „fatalen Soziologismus" (Bittner) geführt, der heute noch in der Pädagogik verbreitet ist. Er nutzte jene Thesen als heuristische Elemente zur Klärung seines „Baugrundes", nicht als Versatzstücke seiner Pädagogik.

Dasselbe gilt für seine Rolle als Jugendforscher. Sie begann schon mit seiner Dissertation „Der Begriff der Jugend", die er mit 23 Jahren abschloß (vgl. Dudek 1989, S. 249 ff.). Er war wohl der erste und vielleicht einzige im ersten Boom der Jugendforschung vor und nach dem 1. Weltkrieg (vgl. Dudek 1989), der sich eben nicht nur im Horizont *pädagogischer* Fragestellungen für Jugend interessierte, wie etwa sein akademischer Lehrer F. W. Foerster. Bernfelds Vorwurf an die Jugendforschung war: „[...] sie lassen unerforscht das ganze Leben der Jugend, soweit es keinen Zusammenhang hat mit dem der Erwachsenen" (1920, S. 127). Eben weil er dies „Eigenleben" in den Blick nahm, z. B. durch Tagebuchforschung (1931), und dabei auch noch kulturtheoretische und psychoanalytische Perspektiven miteinander verknüpfte (Wagner-Winterhager 1992), wurde er kaum verstanden. Denn dies

„war ein damals so modernes Konzept, daß es innerhalb des Wissenschaftssystems kaum eine Realisierungschance hatte" (Dudek 1992, S. 55).

In all dem hat Gottschalch sicher recht, wenn er Bernfeld einen „umsichtigen und sorgfältigen Vorläufer" der komplementaristischen Methode von G. Devereux nennt (Gottschalch 1991, S. 80). Er meint damit Bernfelds Fähigkeit, unterschiedliche wissenschaftliche Perspektiven (aber auch die praktische Handlungsperspektive als *unterschieden* von der wissenschaftlichen Betrachtung) so zur Geltung zu bringen, daß sie sich nicht vermischen, sondern gegenseitig beleuchten und erhellen (vgl. dazu Müller 1991).

Und dies ist, kurz gefaßt, der entscheidende Beitrag Bernfelds zur psychoanalytischen Pädagogik, wichtiger noch als seine praktische Arbeit in diesem Feld (vgl. bes. 1921) oder seine theoretischen Einzelbeiträge zu einer psycho- und soziogenetischen Theorie von Kindheit und Jugend. Jener Beitrag lehrt, wie der psychoanalytische Blick auf Kinder und Jugendliche, der Blick auf die „sozialen Orte" (1929), an denen sie aufwachsen, die Perspektive des handelnden und wertenden Pädagogen und die Rekonstruktion der jugendlichen Selbstsicht verknüpft werden können, ohne jedoch in heilloser Vermischung zu enden.

1. Leben und Werk

Bernfeld wurde am 7. Mai 1892 in Lemberg geboren. Die Eltern stammen aus traditionellen ostjüdischen Familien. Aufgewachsen ist er im gutbürgerlichen Milieu Wiens, wo sein Vater Textil-Großhändler war. Schon als Gymnasiast nahm er Kontakte zu Gustav Wyneken und seiner „Freien Schulgemeinde Wickersdorf" auf, dessen Ideen von „Jugendkultur" ihn nachhaltig prägten. Für den Wyneken-Flügel der Jugendbewegung hatte Bernfeld in Wien eine ähnliche Sprecherrolle wie der gleichaltrige Walter Benjamin in Berlin. Beide waren auch zeitweilig Redakteure der von Wyneken herausgegebenen Zeitschrift „Der Anfang", die um 1913 für Aufregung sorgte, weil sie „eine von Heft zu Heft sich steigernde Häufung von unerhörter Pietätlosigkeit und schamloser Disziplinverletzung gegen Schule und Haus" darstellte (so ein Polizeibericht, zit. bei Laermann 1985, S. 363).

Den anderen starken Impuls setzte für Bernfeld, ebenso früh, die Psychoanalyse. Mit 16 Jahren las er Freuds Traumdeutung, stürzte sich auf das Buch, wie er von sich selbst sagt, „einer jungen Ente vergleichbar, die sich erstmals aufs Wasser begibt und losschwimmt" (nach Grubrich-Simitis 1988, S. 11 f.).

1919 wird er ordentliches Mitglied der Wiener Psychoanalytischen Vereinigung, drei Jahre später einer ihrer Sekretäre und praktizierender Analytiker. Letzteres blieb er zeitlebens.

Man kann, nach seiner Rolle als Protagonist des kritischen Flügels der Jugendbewegung, vier weitere Epochen seines Lebens unterscheiden: *Zunächst* die nach dem Ersten Weltkrieg beginnende Epoche, die besonders das Element des Jüdischen in Bernfelds Lebenswerk akzentuiert. Nicht nur die genannten programmatischen Beiträge zur zionistischen Utopie, einschließlich der Herausgabe einer zionistischen Jugendzeitschrift, des 1918/19 erscheinenden „Jerubbaal", nicht nur die Arbeit im „Kinderheim Baumgarten", die ja im Kontext zionistischer Programmatik stand, gehören dazu, sondern auch zwei Jahre der Zusammenarbeit mit Martin Buber in Heidelberg, für den er die Zeitschrift „Der Jude" redigierte. Die *zweite* Epoche, in der er zum engsten Kreis um Freud gehörte und vor allem im Kampf um die „Frage der Laienanalyse" sein Mitstreiter war, dauerte bis 1925. Die *anschließenden* Berliner Jahre waren stark von dem Anliegen geprägt, Psychoanalyse und „Neue Erziehung" im Rahmen der sozialistischen Bewegung einzubringen, ohne sich dabei in die Grabenkämpfe zwischen sozialdemokratischen und kommunistischen Organisationen ziehen zu lassen. Wichtig war dabei die Zusammenarbeit mit dem „Bund Entschiedener Schulreformer", auf dessen Kongressen Bernfeld regelmäßig referierte (vgl. Herrmann 1992, S. 13 f.); vor allem aber seine Aufbauarbeit im Institut der Berliner Psychoanalytischen Vereinigung, die mit vielfältigen Beratungs- und Lehrtätigkeiten verbunden war (vgl. op. cit., S. 14; Erich 1992, 1993). 1932 kehrte er nach Wien zurück. Der *letzte* Lebensabschnitt entsprach dem Schicksal vieler jüdischer Intellektueller dieser Zeit, auch wenn er glücklicher verlief:

„Nach dem Putsch der Austro-Faschisten 1934 floh Bernfeld mit seiner Familie ins südfranzösische Menton, wo Ernest Jones sie in seinem Ferienhaus beherbergte. In Frankreich und England war kaum Fuß zu fassen, die Papiere für die Auswanderung in die USA für einen bekannten Marxisten nur schwer zu erlangen. 1937 waren die Hindernisse überwunden, Bernfeld traf in New York ein und reiste weiter nach Kalifornien, nicht nur seiner Gesundheit wegen, sondern weil sich an der Ostküste schon sehr viele Analytiker etabliert hatten und in San Francisco eine psychoanalytische Vereinigung gerade erst im Aufbau war. Bernfeld lebte bis zu seinem frühen Tod am 2. April 1953 in San Francisco und arbeitete als Lehranalytiker, da ihm als Nicht-Mediziner eine analytisch-therapeutische Praxis untersagt wurde. Zweifellos verbrachte Bernfeld die glücklichsten Jahre seines Lebens in den USA [...]" (Herrmann 1992, S. 15; vgl. Beneviste 1992).

Trotz diesem „happy end" kann man von einer „Erfolgsgeschichte" kaum reden. Dies gilt zunächst für den Psychoanalytiker Bernfeld. Obwohl Freud ihn in einem Brief „den vielleicht stärksten Kopf unter meinen Schülern und Anhängern" nannte (zit. bei Tenorth 1992, S. 37, Anm. 12), hat er nie den ganz richtigen Stallgeruch bekommen, ist er bis heute in den USA, dem Eldorado der Psychoanalyse, weithin unbekannt geblieben.

An der mangelnden Bedeutung seines Werkes kann das nicht liegen, denn zweifellos hat Bernfeld bleibende Beiträge zur Psychoanalyse geleistet und war nicht nur derjenige, der (mit seinem Kinderheim Baumgarten) „das erste Experiment zur Anwendung psychoanalytischer Erkenntnisse auf die Erziehung" gewagt hat (A. Freud, zit. nach Grubrich-Simitis 1988, S. 14).

Er hat mit seinen Schriften „Psychologie des Säuglings" (1925a) und „Über Faszination" (1928) grundlegende Beiträge für das geleistet, was später „Theorie der frühen Objektbeziehungen" genannt werden sollte. Und doch wird sein Name kaum genannt, wenn von dieser Strömung die Rede ist, jedenfalls nicht in dem Maße wie die von Melanie Klein, Margaret Mahler und Donald W. Winnicott.

Noch wichtiger als die genannten sind sicher seine Beiträge zu einer Theorie der Adoleszenz, die ihn zum eigentlichen Begründer einer psychoanalytischen Theorie des Jugendalters werden ließen, vor Anna Freud, Peter Blos oder Erik H. Erikson, die dafür bekannt sind. Insbesondere seine Arbeiten über die „gestreckte" und die „einfache" Pubertät (1923, 1935) sind hier zu nennen. Sie setzen noch der heutigen Diskussion über das „Bildungsmoratorium" (Zinnecker 1991) die Themen, obwohl auch hier nicht Bernfeld, sondern Erikson das Stichwort liefert (zur Frage, ob das Zufall ist, vgl. Erdheim 1992). Nicht zu vergessen sind in diesem Zusammenhang die schon erwähnten Studien zum Jugendtagebuch (1931), die weit über die - sehr viel bekannteren - Arbeiten Charlotte Bühlers hinausführen. „Er bestand darauf, das Tagebuchschreiben beruhe weder auf ‚einfachen' noch auf ‚komplizierten' Trieben und Bedürfnissen. Vielmehr sei das Tagebuch Zeugnis für den Prozeß der je individuellen Einbettung des Individuums in das Traditionsgefüge seiner Kultur. Psychoanalyse als Teil einer differenzierten Kulturtheorie könne den Zusammenhang des ‚Triebwesens Kind' mit seiner Lebenswelt (dem ‚sozialen Ort') und mit dem geschichtlichen Ort kollektiver Erinnerung - ‚Tradition' - nicht zugunsten einfacher Modellbildungen verkürzen. Damit ist Bernfelds Anliegen bezeichnet" (Wagner-Winterhager 1992, S. 89).

Auch von der neueren Adoleszenzforschung noch kaum entdeckt ist Bernfelds in diesem Zusammenhang entwickelter Begriff des „virtuellen Selbst" (1931, S. 40; vgl. Gottschalch 1991). Bernfeld thematisiert damit als erster Psychoanalytiker auch die psychischen Entwicklungsprozesse der Adoleszenz als ein aktives und kreatives Handeln - und nicht nur (wie z. B. A. Freud 1935) als reaktives Verarbeiten von Triebschüben und Triebschicksalen. Das „virtuelle Selbst", das, wie Gottschalch herausarbeitet, vom narzißtischen „Wunsch-Ich" deutlich zu unterscheiden ist (vgl. 1991, S. 82 ff.), versteht Bernfeld als Chance zur „Selbst-Auffassungs-Arbeit" des Jugendlichen (vgl. 1931, S. 39). Diese ermöglicht nach Bernfeld, daß auch Enttäuschungen und Selbstwert-Herabsetzungen (also Kränkungen, die ja jede Konfrontation mit der Realität für Jugendliche unvermeidlich immer auch enthält) zur „Chance für gesteigerte Selbstauffassung und Selbstdarstellung" und damit „durch Introversion die Kraftquelle" inneren Wachstums werden können (vgl. op. cit., S. 39).

Schließlich und hier nur am Rande ist daran zu erinnern, daß Bernfeld auch das Verdienst des „ersten wissenschaftlichen Freud-Biographen" zukommt. Jahrzehntelang hat er, zusammen mit Suzanne Cassirer-Bernfeld, „Bausteine der Freud-Biographik" (1988) zusammengetragen, offenkundig in der Überzeugung, daß Psychoanalyse und Biographie sehr eng zusammenhängen und daß das, was das eigentlich Neue und Aufregende an der Psychoanalyse ist, schwer verständlich ist, ohne auch den biographischen Kontext ihrer Entdeckung zu verstehen (vgl. dazu auch Erdheim 1984). Vor allem die Kenntnis des jungen Freud, *vor* seiner großen Entdeckung, verdanken wir dieser Forschung. Berühmt dafür wurde allerdings sein Freund, der amerikanische Freud-Biograph Jones, der, unter Bernfelds kräftiger Mithilfe, jene Forschungen ausschlachtete, „als wäre es Jones und nicht Bernfeld gewesen, der dieses Mosaik in mühseliger Arbeit zusammengesetzt hat" (Grubrich-Simitis 1988, S. 44).

2. Erziehung - eine schwierige und sachliche Angelegenheit

Was aber ist nach alledem Bernfelds Verständnis von Pädagogik, und was hat Psychoanalyse damit zu tun? Bernfeld hat als junger Mann eine Antwort auf diese Frage gegeben, die er später sicher wiederholt hätte, obwohl sie nicht sonderlich befriedigend ist:

„Wenn ich nun schildern soll, wie wir diese sehr wesentliche Veränderung, diesen sehr wesentlichen Fortschritt in der Entwicklung unserer Schüler erzielten [im Kinderheim Baumgarten] [...] so ist eine sehr beträchtliche Schwierigkeit zu überwinden, denn wir haben im Grunde nur sehr wenig ‚getan'. Dies macht den Vertreter der neuen Erziehung so wehrlos gegenüber den anderen, daß es nicht so sehr die einzelnen Maßnahmen sind, die ihn unterscheiden, als vielmehr seine ganze Gesinnung und Einstellung. Er ‚tut' überhaupt viel weniger, viel unauffälliger als der andere. Das aber aus einem wirklichen Gefühl und nicht als pädagogischen Trick, weil er nicht die satte Selbstgewißheit und Selbstsicherheit, weil er nicht die ichverliebte Überschätzung seiner eigenen Person und ihrer Handlungen - weder im Guten noch im Bösen - besitzt, weil ihn vor allem die primäre Affektstellung gegenüber der Kindheit und der Jugend unterscheidet". (Bernfeld 1921, S. 119)

Mit dieser „Gesinnung und Einstellung", die er auch als „Ehrlichkeit", als „Verläßlichkeit", als „Kameradschaftlichkeit", ja sogar als „lieben können" gegenüber den Kindern beschreibt (vgl. 1921, S. 124 ff.), meint Bernfeld nicht die antiautoritäre „Bezugsperson", die sich als gleichberechtigter „Ansprechpartner" der Kinder phantasiert. Mit diesem „sich auf das Niveau der

Kinder begeben" (1921, S. 127) werden Pädagogen und Pädagoginnen nach Bernfelds Auffassung „läppisch", „heuchlerisch" und „richtungslos" (ebd.). Vielmehr geht es ihm um eine „Kompromißgesinnung" (op. cit., S. 139), die „zwischen dem berechtigten Willen des Kindes und dem berechtigten Willen des Lehrers vermittelt" (ebd.). Die „Schulgemeinde" als Ort und Instanz jugendlicher Selbstverwaltung ist dabei keine demokratische Spielwiese, sondern nicht mehr und nicht weniger als „die Organisation dieser pädagogischen ‚Kompromißgesinnung'" (ebd.). Bernfeld vertritt hier eine Pädagogik, die, abgesehen von seinen Ideen zur demokratischen Kollektiv-Erziehung, welche sicher auch Zeitgeist-Bedingtes enthalten, eine durchaus „klassische" pädagogische Linie hat:

„Darum muß unser Kriterium für den Pädagogen vor allen anderen Eigenschaften und Fähigkeiten sein, ob er natürlich und unablenkbar jenes Verhalten im Verkehr mit Kindern hat, von dem wir wünschen würden, daß es das Kind, Mann, ja Macht-, Amts-, Würdeinhaber geworden, gegen seine Mitmenschen bewähren möchte". (1921, S. 134)

Die Frage ist allerdings, welchen Stellenwert die Psychoanalyse in diesem Verständnis von Pädagogik noch hat. Ein kleines Schlaglicht zu dieser Frage liefert Bernfeld in einer Gelegenheitsschrift (1926a), in der er zu der damals die pädagogischen Gemüter bewegenden Frage Stellung nahm, wie es eine von der Psychoanalyse über die Gefahren sexueller Unterdrückung belehrte Pädagogik mit der sexuellen „Aufklärung" der Kinder halten solle. „Fortschrittliche" Pädagogen (z. B. Wilhelm Reich) meinten damals, „mit der sexuellen Aufklärung eine weiß Gott wie wichtige Neuerung eingeführt zu haben, hoffen, mit ihr ungeheuren Nutzen zu stiften, einige haben sogar den Glauben, mit dieser Frage das Zentrum pädagogischer Probleme berührt und mit ihrer Lösung den Schlüssel zum Aufbau einer neuen Menschheitsgeneration gefunden zu haben" (1926a, S. 88 f.). Bernfeld ist selbstverständlich nicht gegen ein offenes Antworten auf kindliche Fragen zu diesem Thema, nur meint er, „daß die Aufklärung, wie jede Erziehungsmaßnahme, fast nie das erreicht, was sie anstrebt, sondern bestenfalls einen Kompromiß zwischen den Tendenzen des Erziehers und den Trieben der Kinder" (op. cit., S. 90). Deshalb sei „sexuelle Aufklärung" eben keine Erziehungsmethode, kein „besonderer Kunstgriff" (op. cit., S. 92), sondern Folge der (oben beschriebenen) Haltung „der allgemeinen Achtung des Kindes und der sich daraus ergebenden Aufrichtigkeit ihm gegenüber" (ebd.). „Denn die Anweisung, wie man und wann man Kindern Mitteilung über die Sexualvorgänge machen soll, scheint doch eine so sachliche Angelegenheit, so sehr eine Frage der Erfahrung, des Abwägens, des Für und Wider zu sein, daß man schwer begreift, was die Fanfaren dabei sollen" (op. cit., S. 92 f.). Bernfeld verallgemeinert diesen Gedanken auf die Pädagogik insgesamt, indem er sagt:

„Vielleicht gilt etwas ähnliches dort, wo die Pädagogik mit leidenschaftlichem Enthusiasmus Methoden bekämpft und verteidigt und ganz große Versprechungen macht. Da heißt es mißtrauisch sein; *denn die Erziehung ist eine schwierige, sachliche Angelegenheit".* (op. cit., S. 93; Hervorhebung hinzugefügt)

Besteht dann in der Vermittlung dieser Haltung und in nichts mehr der Beitrag, den die Psychoanalyse (und nicht einmal sie allein!) zur Erziehungspraxis leisten kann? Bernfeld scheint dieser Auffassung zu sein. So argumentiert er in seinem für Pädagogen und Pädagoginnen gehaltenen Vortrag „Die Psychoanalytische Psychologie des Kleinkindes" (1934), der Beitrag der Psychoanalyse zur Pädagogik bestehe im wesentlichen in drei Dingen:

1. Die Psychoanalyse ermöglicht eine „wertfreie" Wahrnehmung pädagogischer Tatbestände. Bernfeld meint damit nicht, wie er ausdrücklich sagt (op. cit., S. 62), die zynische Haltung dessen, der sich über Werte und Normen erhaben glaubt, sondern die Fähigkeit, aus dem Tagesgeschäft der Erziehung gleichsam innerlich einen Schritt zurück zu treten und auf dies Geschäft zu blicken, „als ob" es wertfrei wäre. „Diese unsere Betrachtungsweise allein schon ist von hoher Bedeutung für die Pädagogik. Freud und seine Schule sind nämlich die ersten, die pädagogische Tatsachen wertfrei angesehen haben - und die daher pädagogische Vorgänge überhaupt in ihrem ganzen inneren Zusammenhang zu sehen bekommen haben" (op. cit., S. 62). Erst wer „böse", unerwünschte Regungen von Kindern auch ohne diese Wertungen sehen kann, erhält Zugang zu diesem Zusammenhang.

2. Der Beitrag der Psychoanalyse erschließt sich vor allem aus deren „genetischer" Betrachtungsweise (op. cit., S. 63 ff). Die pädagogische Bedeutung einer psychogenetischen bzw. lebensgeschichtlichen Betrachtungsweise ist für Bernfeld nicht so sehr die Möglichkeit, an „Ursachen" von Erziehungsstörungen heranzukommen (dies betonte z. B. A. Freud 1934 auf derselben Tagung). Vielmehr ist sie die Möglichkeit, zuerst einmal wahrzunehmen, was *ist.* „Drei brave Kinder nebeneinander auf der einen Seite und drei schlimme, störrische, rebellische auf der anderen Seite sind nicht *zwei* Gruppen, sondern sind möglicherweise sechs verschiedene Gruppen; denn aus sehr verschiedenen Anfängen kann sich das im Augenblick gleichartige oder fast gleichartige Bild des braven oder des störrischen Kindes entwickeln" (Bernfeld 1934, S. 65).

3. Die Psychoanalyse kann der Pädagogik die richtige Art, „pessimistisch" zu sein, beibringen, nämlich gegen alle pädagogischen Ideologien, aber auch ohne Resignation der Tatsache ins Auge sehen zu können: „[...] es ist schrecklich schwer, die Menschen zu behandeln und zu beeinflussen, und es ist nicht leichter, die kleinen und die kleinsten Kinder zu behandeln und zu beeinflussen" (ebd.). Bernfeld geht sogar noch einen Schritt weiter, indem er andeutet, daß er es ganz in Ordnung finde, daß es so ist; denn positiv formuliert, heiße dieser „Pessimismus": „Die Psycho-

analyse lehrt uns Respekt vor der Tatsache der Entwicklung des Kindes. Es verläßt uns das Gefühl nicht, daß jede neurotische Entwicklung des Kindes, ja, der gewohnte Vorgang, durch den aus einem Säugling ein erwachsener Mensch wird, - wir verlieren nie das Gefühl, daß hier Naturgewalten wirken, in die wir zwar immer mehr einzugreifen lernen -; aber, wie das eben zwischen Mensch und Natur so zu sein pflegt: Die Mächtigeren bleiben die Naturgewalten!" (op. cit., S. 66).

Wenn allerdings dies vor allem der Beitrag der Psychoanalyse zur Pädagogik ist, dann wundert nicht mehr, daß diese Pädagogik „unhandlich" genannt wird. Denn sie verlangt von ihren Praktikern und Praktikerinnen ja nicht nur, ohne feste Rezepte und verläßlich funktionierende Methoden zu arbeiten, sondern dies auch noch im Angesicht von Kräften zu tun, die stärker sind als sie selber. Wenn doch wenigstens die kleinen Kinder so lieb und harmlos wären, wie wir sie gerne hätten! Aber sie sind es nicht.

Deutlich wird jedenfalls, daß Bernfeld von einer Unterscheidung ausgeht, die nach Federn der frühen psychoanalytischen Pädagogik keineswegs geläufig war, nämlich „welch ein großer Unterschied zwischen psychoanalytischem Handeln und Verstehen besteht" (Federn 1993, S. 77). Das heißt, die Tatsache, daß Erziehen und sozialpädagogisches Helfen - von Grenzfällen abgesehen - eine ganz andere Tätigkeit ist als psychoanalytische Intervention, schließt keineswegs aus, daß auch für pädagogisch Tätige „das Wissen von unbewußten Vorgängen und deren Macht und Wirkung" große Bedeutung hat (ebd.). Vermutlich hat auch diese bescheidene Rolle der Psychoanalyse als Verstehenshilfe statt als Handlungsanweisung, die Bernfeld ihr im pädagogischen Feld zuweist, dazu geführt, daß erst heute sein Werk als klassischer Beitrag zur psychoanalytischen Pädagogik gesehen wird (vgl. auch die von Fallend/Reichmayr [1992], Kaufhold [1993] und Trescher et al. [1993] herausgegebenen Arbeiten).

3. Pädagogik am Ort sozialer Chancenlosigkeit

Bernfeld setzt mit seinem Konzept der Erziehungsarbeit für „verwahrloste" oder „schwer erziehbare" Kinder und Jugendliche prinzipiell anders an, als wir das von den meisten Vertretern und Vertreterinnen der Psychoanalytischen Pädagogik (wie Aichhorn, Redl oder Bettelheim) gewohnt sind. Sie alle gehen davon aus, daß psychoanalytische Pädagogik in diesem Bereich vor allem eine heilpädagogische oder auch kindertherapeutische Aufgabe wahrzunehmen habe. Sowohl heilpädagogische Ansätze (z. B. Aichhorn 1951) als auch kindertherapeutische (z. B. A. Freud, Schriften VIII) begründen die Besonderheit der psychoanalytisch-*pädagogischen* Aufgabe (gegenüber der *Psycho*-Analyse im engeren Sinne) zum einen mit den Besonderheiten des (jugendlichen) Alters ihrer Klienten und der daraus folgenden Notwendigkeit, die diagnostizierten seelischen Konflikte eher mit pädagogischen Mitteln als mit denen des Settings der Couch zu bearbeiten. Zum anderen gehen sie, wie insbesondere Aichhorns Verwahrlosten-Pädagogik (vgl. 1959, bes. S. 35 ff.), davon aus, daß extreme Erziehungsschwierigkeiten als „alloplastisches" (nach außen gewendetes) Agieren innerseelischer Konflikte zu verstehen seien, die einen anderen Charakter als neurotische Konflikte hätten: sofern nämlich primär der Mangel an ausgebildeten Über-Ich-Strukturen (und nicht deren unangemessene Stärke bzw. Strenge wie beim Neurotiker) für die Störungen verantwortlich sei. Eine Variante dieser (heilpädagogischen) Orientierung ist die Annahme, daß weder fehlende noch neurotisierende Über-Ich-Strukturen das Problem seien, sondern die Devianz daher komme, daß das Über-Ich selbst „kriminelle" bzw. kulturell extrem abweichende Normen vertrete (vgl. Bernfeld 1931a, S. 329 ff.)

Bernfeld nun bestreitet nicht die Existenz solcher Fälle und die Notwendigkeit, sich heilpädagogisch mit ihnen zu befassen (vgl. 1929, S. 221 f.; 1926/27, S. 281 ff.). Aber die Hauptaufgabe der Verwahrlosten-Pädagogik, sofern sie auch „das Gros der Zöglinge von Erziehungsanstalten" einschließt (1926/27, S. 283), betrifft für Bernfeld ganz normale Kinder und Jugendliche. Es ist dies ein Typus von Verwahrlosung (Bernfeld gebraucht diesen Begriff als technischen Begriff ohne abwertende Bedeutung), „der durch Fehlen neurotischer Symptome ausgezeichnet ist, bei dem eine volle Ödipusentwicklung statt hatte, die ihren Niederschlag in einem Über-Ich gefunden hat, der Schuldgefühle besitzt und bei genügender Intelligenzbildung durchaus realitätsfähig ist, oder besser, realitätsfähig wäre, wenn er nicht in schwer vermeidbare Konflikte mit der Polizei, dem Jugendamt und dem übrigen Staatsapparat kommen müßte" (1929, S. 222).

Bernfeld interessiert sich für diesen Typus gerade deshalb besonders, weil er sich in seiner inneren Entwicklung praktisch nicht vom normalen proletarischen Jugendlichen unterscheidet (vgl. 1935). Der Unterschied ist nur, daß sie intensiver, jedenfalls agierender, eine Situation leben, die Bernfeld „Tantalussituation" nennt. Es ist die Situation, die nach der griechischen Tantalussage als Strafe der Götter verhängt wurde: „mitten in der erregendsten Fülle machtlos entbehren zu müssen" (1931a, S. 340). Bernfeld schreibt dazu (ebd.):

„Ich möchte sie wörtlich nehmen und mit ihr symbolisch das Schicksal eines sehr großen Teils der heutigen Menschheit bezeichnen, der seine vitalen oralen Bedürfnisse sehr ungenügend befriedigen kann, während sein Nachbar keinerlei Entbehrungen zu erleiden hat".

Bernfeld nennt diese Tantalussituation einen spezifischen „sozialen Ort". Er macht aber durch seine Beispiele deutlich, daß er damit nicht einfach nur die objektive Unterprivilegierung (z. B. das Leben im Ghetto) meint, „sondern das Maß der *wahrgenommenen* Entbehrung" - wahrgenommen im Vergleich mit „den anderen", denen sie nicht zugemutet wird (vgl. ebd.).

Bernfeld meint im übrigen, daß gerade eine demokratische, liberale Gesellschaft solche Erfahrungen des Tantalus begünstige (vgl. 1931a, S. 342) - für diejenigen, die am Rande dieser Gesellschaft stehen.

Wenn also heute unterprivilegierte Jugendliche erfahren, daß zwar alle die gleichen Startchancen zum Berufserfolg haben, aber sie selbst offenbar nicht damit gemeint sind; wenn sie erfahren, daß der etwas ist, der etwas hat - also sie offenbar nichts sind; wenn sie erfahren, daß anderen zufällt, was ihnen versagt bleibt, es sei denn, sie besorgen es sich auf illegalem und/oder gewaltsamem Wege, dann sind diese Jugendlichen in einer „Tantalussituation" - unabhängig davon, ob objektiv zutrifft oder nicht, daß es ihnen materiell besser geht als den Generationen vor ihnen.

Bernfeld zieht aus dieser Situation (proletarischer) Jugendlicher zwei Konsequenzen: Die eine ist seine These, daß die Erfahrung der narzißtischen Kränkung durch die zu wenig „fördernde Umwelt" (wie Winnicott sagen würde) ihre zentrale Lebenserfahrung und deshalb der Kampf gegen die Realität dieser Umwelt und die Flucht vor ihr ihr zentraler Bewältigungsmodus sei (vgl. 1929, S. 222 ff.; 1935, S. 223). Diese These hat gewaltige Konsequenzen für die Arbeit mit abweichenden Jugendlichen, weil sie die Abweichung nicht nur als Produkt eines innerseelischen Konflikts, sondern zugleich als Produkt einer sozialen Konstellation verstehen lehrt.

Die andere Konsequenz ist die These, daß für Jugendliche in der Tantalussituation sowohl normale als auch verschärfte (strafende) Erziehungsmittel nicht mehr greifen, weil sie in dieser Situation für die Jugendlichen innerlich keinen Sinn mehr machen. Die Machtmittel gegen die Devianz haben bei den Jugendlichen keine Angriffsfläche mehr:

„Vor dem Verlust der Aufstiegschancen, der durch ein Delikt eintreten kann, vor allen ökonomischen und sozialen Folgen der Strafe, haben sie daher keine genügende Angst mehr. Sie werden weniger abgeschreckt, weil in ihrer Situation rechtschaffen zu sein real nicht lohnt; es bringt keine entsprechenden sozialen Kompensationen [...]. Es scheint, daß ein Über-Ich von normaler Stärke allein, ohne die Realangsthemmungen, nicht ausreicht, um das Verhalten des Individuums am sozialen Ort der Tantalussituation in die Grenzen zu bannen, die am sozialen Ort des Gesetzgebers und Richters als sozial beurteilt werden". (1931a, S. 343)

Bernfeld meint mit dieser Zuspitzung des Arguments auf die Situation des jugendlichen Rechtsbrechers, der sozial chancenlos, aber sonst ganz in Ordnung ist, natürlich nicht, daß neurotische oder andere beeinträchtigende Persönlichkeitsentwicklungen damit vernachlässigbare Größen seien (vgl. op. cit., S. 344; allgemeiner zum Verhältnis von neurotischer Struktur und sozialem Ort vgl. Bernfeld 1926, 1929). Er meint nur, daß dieser soziale Ort zum Scheitern verurteile, *selbst wenn* diese Jugendlichen keine überdurchschnittlichen Defizite in ihrer seelischen und/oder moralischen Entwicklung aufweisen. Und er meint, daß deshalb die Pädagogik (auch die mit aller psychoanalytischen Kompetenz unterfütterte) vor der Macht dieser Situation kapitulieren müsse, *es sei denn,* es gelingt, den Kindern (und Jugendlichen) eine Umwelt zu schaffen, die sie allmählich so bindet, daß sich in ihr Triebverzichte lohnen" (1929, S. 223).

Hier freilich trifft sich Bernfeld wieder mit anderen Klassikern der psychoanalytischen Pädagogik, z. B. Bettelheim, Zulliger, Redl, die ebenfalls auf den untrennbaren Zusammenhang zwischen der Ermöglichung einer „gut genug" fördernden Umwelt (Winnicott) und der Ermöglichung von Heilung und Lernen verwiesen haben. Bernfelds Verdienst bleibt es, diesen Zusammenhang als das allgemeinste Grundproblem jeglicher Kooperation von Psychoanalyse und Pädagogik aufgezeigt zu haben.

Literatur

Aichhorn, A.: Verwahrloste Jugend (1925). Bern/Stuttgart [10]1987.

Beneviste, D.: Siegfried Bernfeld in San Francisco. Ein Gespräch mit Nathan Adler. In: Fallend/Reichmayr 1992, S. 300-316.

Bernfeld, S.: Antiautoritäre Erziehung und Psychoanalyse. Bd. I - III. Hrsg. v. R. Wolff/L. v. Werder. Frankfurt/M. 1969, Neuauflage 1974.

Darin:

Ein Institut für Psychologie und Soziologie der Jugend (1920). Bd. III, S. 116-151.

Kinderheim Baumgarten - Bericht über einen ernsthaften Versuch mit neuer Erziehung (1921). Bd. I, S. 94-215.

Über eine typische Form der männlichen Pubertät (1923). Bd. III, S. 64-81.

Zur Psychologie der „Sittenlosigkeit" der Jugend (1926). Bd. III, S. 96-107.

Über sexuelle Aufklärung (1926a). Bd. I, S. 88-93.

Psychische Typen von Anstaltszöglingen (1926/27). Bd. I, S. 278-287.

Sisyphos oder die Grenzen der Erziehung (1928). Vorwort zur zweiten Auflage. Bd. II, S. 106 f.

Über Faszination (1928a). Bd. I, S. 75-87.

Der Soziale Ort und seine Bedeutung für Neurose, Verwahrlosung und Pädagogik (1929). Bd. II, S. 209-224.

Die Tantalussituation. Bemerkungen zum kriminellen Über-Ich (1931a). Bd. II, S. 329-345.

Die Psychoanalytische Psychologie des Kleinkindes (1934). Bd. I, S. 61-74.

Über die einfache männliche Pubertät (1935). Bd. II, S. 308-328.

Bernfeld, S.: Psychologie des Säuglings. Wien, Berlin 1925 (a).

Bernfeld, S.: Sisyphos oder die Grenzen der Erziehung (1925). Frankfurt/M., Neuauflage 1967.

Bernfeld, S.: Trieb und Tradition im Jugendalter. Kulturpsychologische Studien an Tagebüchern (1931). Frankfurt/M., Reprint 1973.

Bernfeld, S./Cassirer-Bernfeld, S.: Bausteine der Freud-Biographik. Hrsg. von I. Grubrich-Simitis. Frankfurt/M. 1988.

Dudek, P.: Jugend als Objekt der Wissenschaft. Die Anfänge der Jugendforschung in theoriegeschichtlicher Sicht. In: P. Zedler/E. König (Hrsg.): Rekonstruktionen pädagogischer Wissenschaftsgeschichte. Weinheim 1989, S. 227-261.

Dudek, P.: Siegfried Bernfelds Doppelrolle als Aktivist und Interpret der Jugendkulturbewegung. In: Hörster/Müller 1992, S. 43-58.

Erdheim, M.: Freuds Konzept des Unbewußten und die Wiener Décadence. In: M. Erdheim: Die gesellschaftliche Produktion von Unbewußtheit. Frankfurt/M. 1984, S. 41-199.

Erdheim, M.: Siegfried Bernfeld, Erik H. Erikson und die zwei Kulturen der Psychoanalyse. In: Hörster/Müller 1992, S. 75-88.

Erich, Th.: Siegfried Bernfeld: Ein früher Vertreter der Psychoanalytischen Pädagogik. In: Kaufhold 1993, S. 94-102.

Erich, Th.: Siegfried Bernfeld in Berlin - Eine Arbeitschronik. In: Fallend/Reichmayr 1992, S. 163-180.

Fallend, K./Reichmayr, I. (Hrsg.): Siegfried Bernfeld oder die Grenzen der Psychoanalyse. Materialien zu Leben und Werk. Basel/Frankfurt/M. 1992.

Freud, A.: Die Erziehung des Kleinkindes vom psychoanalytischen Standpunkt aus. In: Zeitschrift für Psychoanalytische Pädagogik VIII (1934), S. 17-25.

Freud, A.: Ich und Es in der Pubertät. In: Zeitschrift für Psychoanalytische Pädagogik IX (1935), S. 319-328.

Freud, A.: Die Schriften der Anna Freud. München 1980.

Füchtner, H.: Psychoanalytische Pädagogik. Über das Verschwinden einer Wissenschaft und die Folgen. In: Psyche 32 (1978), S. 193-210.

Goodman, P.: Aufwachsen im Widerspruch. Stuttgart 1960.

Gottschalch, W.: Wunschselbst, Virtuelles Selbst und Arbeit. In: W. Gottschalch: Soziologie des Selbst. Heidelberg 1981, S. 79-92.

Grubrich-Simitis, I.: Siegfried Bernfeld: Historiker der Psychoanalyse und Freud-Biograph. In: Bernfeld/Cassirer-Bernfeld 1988, S. 7-50.

Herrmann, U.: Zur Biographie Siegfried Bernfelds, des Pädagogen, Psychoanalytikers und Forschers. In: Hörster/Müller 1992, S. 9-22.

Hirblinger, H.: Über Symbolbildung in der Adoleszenz. In: Jahrbuch für Psychoanalytische Pädagogik 3. Mainz 1991, S. 90-117.

Hörster, R.: Zur Rationalität des sozialpädagogischen Feldes in dem Erziehungsexperiment Siegfried Bernfelds. In: Hörster/Müller 1992, S. 143-162.

Hörster, R./Müller, B. (Hrsg.): Jugend, Erziehung und Psychoanalyse. Zur Sozialpädagogik Siegfried Bernfelds. Neuwied 1992.

Kaufhold, R. (Hrsg.): Pioniere der Psychoanalytischen Pädagogik: Bruno Bettelheim, Rudolf Ekstein, Ernst Federn und Siegfried Bernfeld. In: Psychosozial, H. 53, 1993.

Körner, J.: Welcher Begründung bedarf die Psychoanalytische Pädagogik? In: Jahrbuch für Psychoanalytische Pädagogik 2. Mainz 1990, S. 130-140.

Laermann, K.: Der Skandal um den Anfang. Ein Versuch jugendlicher Gegenöffentlichkeit im Kaiserreich. In: Th. Koebner, et al. (Hrsg.): „Mit uns zieht die neue Zeit". Der Mythos der Jugend. Frankfurt/M. 1986, S. 360-381.

Mattner, D.: Empathie ist nicht genug. In: H. Reiser/H.-G. Trescher (Hrsg.): Wer braucht Erziehung? Impulse der Psychoanalytischen Pädagogik. Mainz 1987, S. 39-53.

Melzer, W./Yitzehaki, S.: Der Einfluß Siegfried Bernfelds auf die Theorie und Praxis der Kibbuzpädagogik. In: Hörster/Müller 1992, S. 119-142.

Müller, B.: Multiperspektivität als Aufgabe psychoanalytischer Pädagogik. In: Jahrbuch für Psychoanalytische Pädagogik 3. Mainz 1991, S. 163-177.

Müller, B.: Sisyphos und Tantalus - Bernfelds Konzept des „Sozialen Ortes" und seine Bedeutung für die Sozialpädagogik. In: Hörster/Müller 1992, S. 59-74.

Müller, B.: Gesellschaftliche und soziale Bedingungen: Die Bedeutung des „Sozialen Ortes" für die Psychoanalytische Pädagogik. In: M. Muck/H.-G. Trescher (Hrsg.): Grundlagen der Psychoanalytischen Pädagogik. Mainz 1992a, S. 130-147.

Tenorth, E.: „Unnötig" und „unerwünscht" - Siegfried Bernfeld und die Universitätswissenschaft. In: Hörster/Müller 1992, S. 23-42.

Trescher, H.-G. et al. (Hrsg.): Jahrbuch für Psychoanalytische Pädagogik 5. Darin: Themenschwerpunkt Siegfried Bernfeld. Mainz 1993.

Wagner-Winterhager, L.: Siegfried Bernfelds Bedeutung für die Mädchentagebuchforschung. In: Hörster/Müller 1992, S. 89-100.

Zander, H.: Katharsis und Entsühnung. Siegfried Bernfelds Beobachtungen über das innere Wirken von Erziehungskollektiven. Ein Beitrag zur Grundlegung der Sozialpädagogik. In: Hörster/Müller 1992, S. 163-180.

Zinnecker, J.: Jugend als Bildungsmoratorium. Zur Theorie des Wandels der Jugendphase in west- und osteuropäischen Gesellschaften. In: W. Melzer et al. (Hrsg.): Osteuropäische Jugend im Wandel. Weinheim/München 1991, S. 9-25.

Günther Bittner

HANS ZULLIGER

(1893-1965)

Nach einem gedrängten Überblick über das Leben und Werk Hans Zulligers (siehe dazu Bittner 1972) will ich drei Punkte vergegenwärtigen, die mir des pädagogischen Interesses besonders wert zu sein scheinen. Zulliger hat für die Pädagogik vor allem eingebracht: (1) ein vertieftes Verständnis der Lehrer-Schüler- (oder allgemeiner: der Erzieher-Zögling-) Beziehung, (2) eine weiterreichende Aufmerksamkeit für Gruppenphänomene im pädagogischen Feld, (3) ein spezifisches Interesse für einen Themenkomplex, den ich umschreiben möchte mit den Begriffen: magisches Weltbild des Kindes, Spiel, Kinderpsychotherapie ohne Deuten unbewußter Inhalte.

1. Dorfschullehrer und Kinderpsychoanalytiker

Hans Zulliger, 1893 geboren und in sehr bescheidenen Verhältnissen aufgewachsen, trat 1909 in das bernische Lehrerseminar Hofwil ein, das er im Jahre 1912 mit dem Primarlehrerpatent verließ. Mit 19 Jahren wurde er auf die Lehrerstelle in Ittigen, Gemeinde Bolligen bei Bern, gewählt. Dort blieb er 47 Jahre bis zu seiner Versetzung in den Ruhestand. Er fand auf diese Weise Gelegenheit, die Kinder und Enkel seiner ersten Schülergeneration zu unterrichten - eine Beobachtungs- und Erfahrungsquelle, die dem Psychoanalytiker sonst nur selten zur Verfügung steht. Den Erinnerungen an Zulliger in der Bevölkerung von Ittigen ist Zita Steger-Hain nachgegangen. Als besonders prägnantes Beispiel mag die Erinnerung eines früheren Schülers gelten: „Gerecht ist er gewesen, und lustig war's!" (Steger-Hain 1969).

Seine entscheidende psychoanalytische Formung empfing Zulliger durch den Zürcher Pfarrer Oskar Pfister, der schon früh damit begonnen hatte, im Rahmen seiner seelsorgerischen Arbeit mit Jugendlichen, vor allem bei seinen Konfirmanden, psychoanalytische Beeinflussungen einzuflechten. Pfister nannte dieses Konglomerat aus Pädagogik, Seelsorge und Psychoanalyse „Pädanalyse" - eine recht unglückliche Bezeichnung für ein ebenso unglückliches Verfahren, das wohl heute in dieser Form nirgends mehr praktiziert wird. Dennoch muß allen kinderanalytischen Orthodoxien gegenüber betont werden, daß Freud den Versuchen Pfisters keineswegs unfreundlich gegenüberstand (Freud/Pfister 1964, S. 12, 39), ebenso wie Zulliger selbst auch immer wieder gern erzählte, daß ihn Freud zu seinem Vorgehen ausdrücklich ermutigt habe.

Zulligers Versuche in der pädagogischen Anwendung der Psychoanalyse gingen anfangs in eine ähnliche Richtung wie die seines Lehrers Pfister: „Am Anfang betrieb ich das, was man heutzutage als ‚kleine psychoanalytische Kinderpsychotherapie' bezeichnen würde. Ich tat es nach dem Vorbilde Pfisters, nachdem ich mich selber hatte analysieren lassen [...]. Also arbeitete ich gänzlich im Stillen, befreite einzelne Schülerinnen und Schüler von störenden Symptomen wie Lernhemmungen, Bettnässen, Stottern, reaktive Aggressivität und Sich-nicht-einfügen-Können in die Gemeinschaft, Schuldgefühlsreaktion wegen Onanie, zwangshaften Diebereien - und ich hatte Anfängerglück" (nach Kasser 1963, S. 38).

Später lenkte Zulliger durch einen 1936 erschienenen Aufsatz die Aufmerksamkeit auf eine „Lücke in der psychoanalytischen Pädagogik": auf die Psychoanalyse der Gruppenphänomene, mit denen sich der Lehrer in der Schulklasse in besonderem Maße konfrontiert sieht (Zulliger 1936). Zu Anfang der zwanziger Jahre war Zulliger Mitglied der Schweizerischen Gesellschaft für Psychoanalyse geworden und hatte dort unter anderen den Arzt Dr. Hermann Rorschach, den Erfinder des bekannten Formdeute-Tests, kennengelernt. Er eignete sich das Verfahren an, verwendete es in seiner pädagogisch-psychoanalytischen Arbeit mit Kindern und Jugendlichen und entwickelte neue Varianten: 1939 erschien der *Behn-Rorschach*, eine Parallelserie, an deren Entwicklung Zulliger beteiligt war, 1948 der *Z-Test*, von Zulliger selbst geschaffen, eine Kurzform des Rorschach-Tests mit drei Tafeln, die auch im Diapositiv dargeboten und auf diese Weise zur psychodiagnostischen Prüfung von Gruppen verwendet werden können. Die wichtigsten Schriften Zulligers, in denen er seine neue Methode der psychoanalytischen Kinderbehandlung darlegte, erschienen nach dem Zweiten Weltkrieg: „Heilende Kräfte im kindlichen Spiel" (1963, erstmals 1952) und „Bausteine zur Kinderpsychotherapie" (1966, erstmals 1957; einige der in diesem Band gesammelten Aufsätze waren bereits wesentlich früher erschienen; vgl. Rehm 1968, S. 139). Zulliger stand, wie vor ihm bereits Melanie Klein und Anna Freud, vor der Frage, mit welchen Modifikationen die von Sigmund Freud entwickelte Technik der psychoanalytischen Behandlung von Erwachsenen auf die Arbeit mit Kindern übertragbar sei.

Zulliger war nicht eigentlich Wissenschaftler, sondern Praktiker und - in seinen Veröffentlichungen - Volksschriftsteller. Am überzeugendsten waren stets seine ungemein lebendigen Fallschilderungen, lückenhaft, aber einleuchtend seine Bemerkungen zur kinderanalytischen Technik, allzu simplifizierend oftmals seine theoretischen Ausführungen. Volksschriftsteller war er darüber hinaus auch noch im ganz buchstäblichen Sinne: Das Verzeichnis seiner Schriften enthält mindestens ebenso viele Werke der Volksliteratur (Gedichte in bernischer Mundart, Schul- und Hörspiele, Jugendbücher usw.) wie psychoanalytische Veröffentlichungen.

2. Die Vertiefung des pädagogischen Bezugs

Der *pädagogische Bezug*, von Wilhelm Dilthey und Herman Nohl als pädagogische Kategorie formuliert, ist ein ungemein wichtiges und zugleich seltsam blaß und inhaltsleer gebliebenes pädagogisches Theoriestück. Das gleiche gilt für den von Buber geprägten Begriff des *Dialogischen*. Was *pädagogischer Bezug* oder *Dialog* konkret bedeuten, das kann man immer noch am besten von pädagogischen Schriftstellern und Geschichtenerzählern wie Korczak, Makarenko oder eben Zulliger lernen.

Zulligers Bücher sind voll von lebhaften pädagogischen Dialogen, verbalen und averbalen. Die Mischung von verbal und averbal macht gerade den besonderen Reiz der Zulligerschen Dialog-Sequenzen aus. Diese Dialog-Sequenzen sind so sehr Zulligers ganz persönliches „Markenzeichen", daß ich hierfür, in Analogie zum bekannten *Montessori-Phänomen*, den Ausdruck *Zulliger-Intervention* (Bittner 1973) vorgeschlagen habe.

Zulligers Interventionsstil hat sich im Lauf der Zeit gewandelt: von den oft reichlich gewagten Dialogen des jungen Zulliger in „Aus dem unbewußten Seelenleben unserer Schuljugend" (1921) bis zu den Dialogen der Reife. Ich will dazu zwei Beispiele bringen, einen Jugend- und einen Reifedialog Zulligers:

„Das umgestürzte und zerbrochene Tintenfass

Emma Hasler vom siebenten Schuljahr streckt die Hand auf. Ob sie hinausgehen dürfe?
‚Bist du nicht schon in der vorigen Stunde hinausgegangen?'
Sie wird rot und bejaht die Frage.
‚Langweilige Lauferei - wenn man nicht krank ist, und wenn man Pausen hat', brumme ich. ‚Nun, so geh'!'
Weiter denke ich mir nichts. Eben entwickle ich mit der Klasse eine naturkundliche Arbeit, die später ins Heft geschrieben werden soll. Um so unangenehmer ist mir die Störung durch das Mädchen.
In der nächstfolgenden Stunde sind die Schüler schriftlich beschäftigt.
‚Emma Hasler hat das Tintenfass umgestossen!' wird gemeldet. Sie und ihre Kameradin holen vorn bei der Wandtafel Wasserbecken und Lappen, um das besudelte Pültchen zu reinigen.
Plötzlich ein Gelächter.
‚Was gibt's?'

‚Nun hat Emma das Tintengefäss gerade noch einmal umgestossen!'
‚Hol anderes Wasser', befehle ich ihr, nachdem ich mir den Schaden angesehen habe. ‚Kannst das Tintenfässchen auch gerade mitnehmen und reinigen!'
Es ist jetzt nämlich fast keine Tinte mehr drin, und neue Tinte verabfolgt man nur in ein sauberes Gefäss. [...]
‚Nun, was ist los?'
‚Ich habe das Tintenfass zerbrochen, ich liess es fallen!'
‚Und jetzt hast du Angst? - Nun, deswegen hättest du gleichwohl hereinkommen dürfen, so ein grosses Unglück ist das nicht. - Eines kostet zehn Rappen, und weil du das Fässchen nicht mit Absicht zerbrachst, so gebe ich dir ein neues umsonst.'
Wenn ich das Mädchen beruhigen wollte, so merke ich jetzt, dass Zuspruch nichts fruchtet: es weint noch viel stärker. Erstaunt betrachte ich es.
‚Warum weinst du noch? - Hast du kein Zutrauen zu mir, dass du es mir nicht sagst?'
Es fährt langsam, verlegen, unbeabsichtigt mit der Hand über den Schoss. Ein hilfloser Blick streift mich dazu. Nun versucht es etwas zu sagen, aber die Worte ersticken ihm in der Kehle.
‚Ich -', und wieder wird es rot und dann blass.
Doch ich habe bereits verstanden, was es nicht sagen kann. Ich ahne den Sinn, warum es während der Stunden hinaus wollte, warum es die Tinte zweimal verschüttete, schliesslich das Fässchen zerbrach, und warum es mit der Hand über den Schoss fuhr.
‚Bist du etwa noch krank?' frage ich vorsichtig.
‚Ich glaube, ich weiss es nicht -'.
‚Warum bliebst du denn nicht zu Hause?'
‚Es fing erst während der ersten Stunde an -'
Nun bin ich meiner Sache vollständig sicher. ‚Ist es heute das erstemal, dass du blutest?'
‚Ja -'
‚Kennst du die Bedeutung -?'
‚O, die andern (Schülerinnen) haben mir gesagt, das haben viele so -'
‚Nun, ich kann dir sagen, es ist etwas ganz Natürliches, du brauchst gar keine Angst zu haben. Alle erwachsenen Mädchen und Frauen haben das so. - Komm jetzt wieder herein, die Stunde ist bald zu Ende. Und wenn du willst, so erkläre ich dir nach Schulschluss, was die Periode - so heisst man das Bluten - für eine Bedeutung hat, du kannst dann mit mir kommen, wenn ich nach Hause gehe.'
‚Ist - denn -'
‚Ja?'
‚Nichts zerbrochen in mir?' (‚verheit')
‚Nein, zerbrochen ist nichts in deinem Körper, da sei du nur ganz, ganz ruhig! - Und jetzt komm!'" (Zulliger 1927, S. 35 ff.)

Diese Geschichte wird mir deshalb immer in Erinnerung bleiben, weil in einer Vorlesungsstunde, als ich sie behandelte, bei einer Studentin eine psychotische Episode ausbrach. Daran habe ich gemerkt, wieviel Sprengstoff in dieser Geschichte steckt. Wahrscheinlich gelang Zulligers Intervention so gut, weil er hier ein recht stabiles Bauernmädchen vor sich hatte; bei einer modernen Borderline-Jugendlichen hätte er das vielleicht nicht so invasiv machen dürfen. Mir ist aber gerade diese Geschichte in ihrer frechen Gewagtheit lieb, weil der „alte" Zulliger später oft ein bißchen behäbig und idyllisch daherkommt, so daß man in seinen Geschichten förmlich meint, die Almglocken läuten zu hören. Von solcher Heidi- und Alm-Öhi-Mentalität ist diese Geschichte weit entfernt.

Was mir gut daran gefällt, ist die strikte Identifikation mit dem *pädagogischen Rahmen*: Austretengehen hat seine Zeit; die Hauptbeschäftigung in der Schule ist die Arbeitsaufgabe; das Tintenfäßchen muß gereinigt werden; wenn es absichtlich zerbrochen wurde, muß man es bezahlen, usw.

Und dieser Rahmen trägt den psychoanalytisch-pädagogischen *Diskurs* mit seinen averbalen und später verbalen Elementen. Da meldet sich dann überraschend ein Thema, das die Schulroutine unterbricht: Das Tintenfass wird verschüttet, einmal, zweimal, und zum Schluß wird es gar zerbrochen. Zulliger stürzt sich nicht in die Symboldeuterei wie ein schlechter Amateuranalytiker; es ist wie bei Faust und Mephisto: „Du mußt es dreimal sagen", das heißt, das Unbewußte muß sich wieder und wieder artikulieren, ehe Zulliger den psychoanalytischen Dialog aufnimmt. Und dann kommt die Phantasie des Mädchens „zur Sprache" in ganz schlichter Form: Daß Du Deine erste Blutung hast, bedeutet nicht, daß etwas in Dir „zerbrochen" ist. Damit ist die Dialogsequenz zu Ende, und der Schulalltag tritt wieder in sein Recht.

Nun die zweite Geschichte (Zulliger 1963, S. 25f.), die ich schon einmal (Bittner 1973, S. 86f.) interpretiert habe:

> Der zwölfjährige Gusti Lehmann, aus dissozialem Milieu stammend, wird nach fortgesetzten Diebstählen auf den Rat Zulligers in eine Pflegestelle zu einem ihm persönlich bekannten Bauern gegeben. Der Junge blieb dort einige Zeit unauffällig, bis er - nach dem ersten Besuch bei den Eltern in der Stadt - im Stall mit gestohlenen Zigaretten beim Rauchen angetroffen wurde. Der Bauer sprach telefonisch mit Zulliger - wir erfahren leider nicht, was - und ließ den Jungen kommen. Nun entwickelte sich folgender Dialog: „Der Melker hat mir gemeldet, du habest im Stall geraucht [...]". Der Bub antwortet nicht. Der Pflegevater wartet eine Weile, dann fragt er gleich ruhig weiter: „Ist es auch wahr?" Der Bub wirft ihm einen raschen forschenden Blick zu und drückt hervor: „Ja".

Da wird ein Arbeitsbündnis geschlossen: Der Pflegevater gibt dem Jungen durch die Art seines Fragens zu verstehen, daß er die Störung, die in ihrem Verhältnis zueinander aufgetreten ist, mit dem Jungen zusammen sachlich untersuchen will. Und der Junge gibt nolens-volens seine Bereitschaft zu erkennen, sich an der Untersuchung zu beteiligen.

„Weißt du, daß du das nicht darfst, und weshalb das niemand machen darf?"
Der Bub, etwas aus der Fassung gebracht, weil er nicht gleich gescholten
wird: „Ja, der Melker hat's mir gesagt" - „Was hat er dir denn gesagt?" usw.

Beide verständigen sich nun über die objektive und die subjektive Seite des
„Symptoms", das der Junge, gewissermaßen als „Patient", dem Pflegevater
als dem „Arzte" zur Untersuchung darbietet. Offenbar genügt jedoch die verbale Verständigung nicht, denn nun wird das Corpus delicti, das „Symptom",
leibhaftig in Augenschein genommen:

„Hast du noch von den Zigaretten?" Gusti kramt wortlos ein angebrochenes
Päckchen [...] hervor. Der Bauer gibt sie ihm zurück. „Ich hätte das nicht von
dir erwartet", sagt er. „Ich werde das Rauchzeug bezahlen, sobald ich in die
Stadt fahre [...]"

Ein konsequenter moderner Pädagoge hätte vielleicht gesagt: Strafen werde
ich dich nicht, aber der Schaden muß wieder gutgemacht werden, bezahle
also den Schaden von deinem Taschengeld. Da geht psychoanalytische Pädagogik ein Stück weiter, auch weiter als der Psychotherapeut in der analytischen Behandlung, den die Abstinenzregel bindet. Der Pädagoge praktiziert
hier die von A. Aichhorn geforderte „Psychologie der Versöhnung", die Aufhebung des Schuldgefühls beim Kinde, durch reale, stellvertretende Wiedergutmachung.

„Höre, Gusti, das nächste Mal, wenn du unbedingt rauchen mußt, [...] so sag
es mir. Ich gebe dir dann einen Stumpen, den kannst du hinterm Haus in der
Hofstatt rauchen: [...] Du hast es nicht nötig, etwas zu entwenden, du kannst
es nur bei mir verlangen."

Das ist ein starkes Übertragungsangebot: Der Junge darf im Bauern real den
„guten Vater" sehen. Übertragung wird ja bei pädagogischer Anwendung der
Psychoanalyse nicht gedeutet, sondern als „stellvertretende Elternschaft"
übernommen. Dieses Angebot würde im vorliegenden Falle an Verwöhnung
grenzen und eine allzu starke Regression begünstigen. Also wendet sich der
Bauer jetzt wieder an das Ich des Jungen und fährt fort:

„Ich werde dich jetzt nicht mehr bei den Holzfuhren [das heißt in die Stadt;
Anm. G. B.] mitnehmen können. Sonst bin ich ja daran schuld, wenn du in
Versuchung gerätst." - Nach einigen Wochen hat die Episode noch ein Nachspiel. Der Junge hat einen Franken geschenkt bekommen und will ihn dem
Bauern geben - für die Zigaretten. „Die haben nur einen Halbfranken gekostet", sagt der Bauer. „Es macht nichts", meint der Junge. Doch der Bauer
gibt ihm den Restbetrag zurück. Und da sich der Bauer - in seinem pädagogischen Rahmen - an die Abstinenzregel hielt und sich nicht durch Geschenke
bestechen ließ, kann nun der Junge seinen Wunsch aussprechen, wieder mit
in die Stadt fahren zu dürfen, was ihm auch gewährt wird.

Beide Geschichten - die Geschichte vom zerbrochenen Tintenfaß und die von
Gusti, dem Raucher - exemplifizieren, wo Psychoanalyse die pädagogische

Theorie des *pädagogischen Bezugs*, des *Dialogischen* - oder moderner: der Kommunikations- und Interaktionsstruktur des erzieherischen Prozesses - notwendig ergänzen muß. Die genannten Theorien des Erziehungsprozesses haben jeweils nur den bewußten oder - wie die interaktionistischen - allenfalls noch den vorbewußten Aspekt der pädagogischen Interaktion im Auge. Aber in der pädagogischen Interaktion ist immer auch Unbewußtes, Verdrängtes im strengen psychoanalytischen Sinne enthalten, das durch eine besondere Art von Reflexion, eben die psychoanalytische, ins Offene gebracht werden kann (ausführlicher dazu Bittner 1985).

3. Psychoanalyse der Gruppenphänomene - oder: Zulliger, der Vater der „Urhorde"

Auf das zweite Thema gehe ich eher widerwillig ein, pflichtschuldig, aber es führt kein Weg daran vorbei: Zulligers Beitrag zur Psychologie und Pädagogik der *Gruppenphänomene*. Erziehung, vor allem Schulerziehung vollzieht sich nun einmal in der *Kindergruppe*. So ist es sicher richtig, bewußt zu machen, daß Zulligers *Interventionen*, wenn sie nicht gerade erziehungsberaterischer oder psychotherapeutischer Art sind, sich vor dem Forum der sozialen Gruppe, der Schulklasse, abspielen.

Wie geht das nun, aus einem Schülerhaufen, einer „Horde", eine Gemeinschaft zu bilden? Zulligers pädagogischer Weg ist inspiriert von zwei Abhandlungen Freuds: „Massenpsychologie und Ich-Analyse" und „Totem und Tabu".

In Anlehnung an Gedanken, die Freud in diesen Abhandlungen entwickelte, sieht Zulliger die Aufgabe darin, die Schulklasse zu einer Gemeinschaft zusammenwachsen zu lassen, in der die einzelnen Kinder mit der Gruppe und dem Lehrer durch Identifikation gefühlsmäßig verbunden sind. Der psychoanalytische Erzieher vermeidet hier geradezu das Paar-Verhältnis und sucht, in einer Klasse einen „Klassengeist", eben dieses Verhältnis wechselseitiger Identifikation aller mit allen und vor allem mit dem Lehrer zu schaffen.

Das setzt voraus, daß der Lehrer in der Klasse gefühlsmäßig anerkannt ist als Leitwolf, als Urhorden-Vater. Was Freud in „Totem und Tabu" über die Ähnlichkeiten im Seelenleben der Lehrer, der Wilden und der Neurotiker schrieb, das nimmt Zulliger ganz wörtlich und konkret. Und so hat er allerhand Urhorden-Mentalität bei seinen Schülern beobachtet. Am hübschesten finde ich immer noch die Geschichte vom Herrgöttli, vom „Meister Ziegenbock":

> „Im Sommer 1948 hatte ich eine Ferienkolonie unserer Dorfschule zu führen. Das Ferienheim, ‚Kuttel-Bad' genannt, liegt weitabgelegen in einer Waldlich-

tung des Kurzeneigrabens, der bei Wasen im bernischen Emmental aus dem Napfgebiet hervorkommt. […]

[…] In solchermaßen abgelegener Gegend nun hauste ich mit etwas mehr als zwei Dutzend Kindern beiderlei Geschlechts im Alter von zehn bis fünfzehn Jahren. (Außer den Kolonisten und mir bestand die Besatzung noch aus einer jungen Lehrerin und der Kolonieköchin, Anm. Zulliger.) Die Primitivität des Heimes - ein altes Gebäude mit Schindeldach, ohne elektrisches Licht und Telephon, die Abgeschlossenheit und Einsamkeit, der nahe ‚Urwald' - kurz: das ganze Milieu reizt zu Atavismen. Man kann ungeniert die ältesten Kleider austragen und auch stundenweit nur mit Badehosen angetan in den Wäldern umherstreifen, ohne einen fremden Menschen anzutreffen. […]

Eines Tages fiel mir auf, daß die Buben immer dann, wenn sie nicht gerade beschäftigt waren, plötzlich verschwanden. Ich beobachtete, daß sie in den Wald gingen und dabei gewisse Vorsichtsmaßregeln walten ließen: die Mädchen sollten offenbar nicht sehen, wohin sie sich begaben und was sie trieben. Dies wunderte mich ein wenig. Denn die Buben vertrugen sich mit den Mädchen sehr gut und ließen sich von ihnen bemuttern. In der Zuversicht, daß sie nichts Unstatthaftes machten, ließ ich die Knaben gewähren.

Ich hatte die Gewohnheit, am Abend, wenn sich die Kolonisten zur Ruhe gelegt hatten, nochmals mit der Taschenlampe die Schlafsäle zu besuchen. In einer Nacht nun, als ich in den Raum der Buben trat, war es dort ungewohnt still, verdächtig still. Nachdem ich die Tür geöffnet hatte, leuchteten mir plötzlich die Strahlen von Taschenlampen ins Gesicht, und es ertönte ein Huronengeheul. Vor mir tauchte ein Instrument auf und tanzte gleichsam in der Luft. Es war ein Holzstück, ein Ast mit einer Verdickung, wie man sie oft an kropfigen, krebsigen Tannen findet. Die Verdickung war von den Knaben beschnitzt worden und sah aus wie ein spitzer Teufelskopf. Nachdem ich, erst geblendet, wieder sehen konnte, entdeckte ich, daß einer der Buben das Gespenst in der Hand hielt und vor meiner Nase herumgaukeln ließ. ‚Das Herrgöttli, das Herrgöttli!' lärmte die Schar. ‚Der Herr Ziegenbock!'

Der Bub, der das Herrgöttli trug, hatte eine Wolldecke wie eine Toga umgelegt, und ein farbiges Nastuch maskierte sein Gesicht - die Augen schauten aus Löchern. Der Knabe murmelte dumpfe, beschwörende, feierliche Laute in einer unverständlichen Sprache, und er ahmte das Ziegenmeckern nach. Dazu ertönten die ausgelassenen Lachsalven der Schar. Dann knieten plötzlich alle in ihren Betten auf, legten die Handflächen aneinander, und im Sprechchor ertönten die Worte: ‚Herrgöttli, beschütze uns, Herr Ziegenbock, beschütze uns! Laß keine bösen Geister in den Gaden' (Der Schlafraum der Buben wurde ‚Gaden' genannt).

Dann war das ulkige Spiel offenbar zu Ende. Die Schar gröhlte, man legte sich wieder hin. Und jetzt erklärte man mir: die Buben hatten im Walde den seltsamen Tannast gefunden, und einer von ihnen machte sie darauf aufmerksam, der Knüttel habe genau die Form eines Ziegenkopfes. Denn zwei kleinere Ästchen guckten oben heraus und waren wie Hörner gebogen. Dann wurde der Kropf mit dem Taschenmesser bearbeitet, bis er vollends einem Kopfe glich. Hierauf beschmierten sie ihn mit Asche und Kohleüberresten von einem Feuerchen, das sie angezündet hatten. Der Initiant des Spiels nahm den Knotenstock jeden Abend in den Gaden und versteckte ihn dort. Er benannte ihn ‚Herrgöttli' oder ‚Herr Ziegenbock', und nun wurden allerlei Spiele mit ihm erfunden. Sie hatten fetischistischen Anstrich und liefen darauf hinaus, daß der ‚Herr Ziegenbock' angebetet sein wollte, und daß er außerdem die Eigenschaft einer Waffe oder eines Beschützers hatte. Man könnte ihn auch so beschreiben, daß die Knaben ihn mit mehr oder weniger Ernst als verkörperten Dämon betrachteten, der seine Anbeter vor anderen, vor feindlichen Dämonen beschützte.

An dem betreffenden Abend nun hatte die Schar beschlossen, mich mit dem ‚Herr Ziegenbock' zu ängstigen, wenn ich heraufkomme. Jeden Morgen brachten sie ihn in ein Waldversteck zurück.

Bevor ich wieder aus der Schlafstube trat, baten mich die Knaben, den Mädchen nichts zu verraten, was ich versprach.

Ich wußte nun so viel, daß die Buben im Wald mit dem ‚Herrn Ziegenbock' spielten. Wie und was sie spielten, kam erst später an den Tag.

Die Mädchen wurden immer neugieriger, was die Buben im Walde trieben. Sie wollten ihnen nachschleichen. Aber die Buben warnten sie; es würde ihnen schlimm ergehen, es sei ein böser Waldgeist in der Nähe ihres Lagers, der würde sie braten und fressen.

...

Während nun die Mädchen vor dem Heim erwartungsvoll der Dinge harrten, die geschehen würden, stieg ich den Pfad hinauf in den Wald. Die Warner auf den Bäumen pfiffen. Plötzlich brach aus dem Gebüsch ein Rudel Buben hervor und erklärte mir, ich hätte den ‚heiligen Boden des Herrgöttli' betreten, müsse nun die Folgen dieser Missetat auf mich nehmen und sei ein Gefangener. Sie müßten mir die Hände binden, der ‚Herr Geißbock' fordere es. Dann packten sie mich an den Armen und führten mich in die Nähe des Feuers. Auf einmal sprang mir unerwarteterweise von hinten und oben ein Bub an den Rücken und hielt mir das ‚Herrgöttli' vors Gesicht. Es war der gleiche, der mir vorher in der Nacht den Dämon hatte vor den Augen tanzen lassen. Er war nur mit einer Badehose bekleidet und hatte den Leib mit Asche, scheußlich bemalt.

‚Zum Feuer mit ihm!' knurrte er dumpf und drohend, und die Wanderung ging weiter. Man führte mich in eine Art Häuschen, dessen Zugang getarnt und das aus Zweigen kunstvoll geflochten war. Überhängende Buchen und Tannen bildeten das Dach. In den Hang eingegraben war ein Herd, und darin brannte Feuer. Man forderte mich auf, davor niederzuknien. Dann schlug man mir mit dem ‚Herrgöttli' dreimal feierlich und sanft auf den Kopf, und ich mußte wiederum versprechen, den Unbeteiligten nichts von dem zu verraten, was ich gesehen hatte und was ich noch sehen würde. Hierauf löste man meine Fesseln. Jetzt setzte sich die Schar an den Herd. Aus einem Versteck wurden Brot und Käsestücke hervorgeholt, jeder, auch ich, bekam einen hölzernen Spieß, an den wir das Essen steckten und am Feuer brieten, um es nachher zu verzehren. Nach dem Mahle erklärte mir das ‚Herrgöttli' aus dem

Mundes seines Besitzers, ich sei nun wiederum frei und dürfe gehen, aber es mahnte mich nochmals an mein Versprechen, Stillschweigen zu bewahren. Würde ich es nicht tun, dann drohte mir eine furchtbare Strafe: das ‚Herrgöttli' würde mich heimsuchen, mich packen, mich zum Feuer schleppen und braten, und mich schließlich mit Haut und Haar verspeisen.
[...]
Mit meiner ‚Einweihung' hatte das Spiel, wie sich später herausstellte, an Reiz verloren. Als ich merkte, daß die Buben nicht mehr wie vorher im Walde verschwanden, und als ich nach dem ‚Herrn Ziegenbock' fragte, erklärte man mir, man habe ihn kaputtgemacht und in die Holzkiste der Heimküche geworfen - er war verbrannt worden." (Zulliger 1959, S. 37 ff.)

Ist diese Art von „Gemeinschaftsbildung" noch zeitgemäß? Ich denke, die Antwort auf die Frage wird davon abhängen, wie man zu dem paternalen Element darin steht, das für Zulligers Konzept der Gemeinschaftserziehung konstitutiv ist. Vielleicht ist es sogar konstitutiv für die ganze Psychoanalyse, und die derzeitigen Rezeptionsschwierigkeiten der Pädagogik hängen mit diesem paternalen Element der Psychoanalyse zusammen. Vielleicht ist es gegenwärtig so, daß wir eine Menschheit von Kastrierten, von A-Phallikern werden sollen. In diesem Sinne wären weder Zulliger noch Freud selbst heute noch pädagogisch akzeptabel.

4. Das „magisch-mythische" Weltbild des Kindes

Und nun wieder ein Thema, das mir nahe ist und bei dem ich mich für Zulliger uneingeschränkt begeistere: seine Art, therapeutisch mit dem Kind auf der Ebene des Spiels zu kommunizieren. „Kinder denken anders als Erwachsene. Und man tut gut daran, *dem Kinde in seinem Denken mit gleichem Denken zu begegnen, damit es einen verstehen könne*" (Zulliger 1966, S. 35).

Zulliger wendet sich gegen den Verbalismus, den übertriebenen Wörtergebrauch in der Kinderanalyse. Worte sind für die Kinder nichts Festes, Gegebenes, sondern eher etwas Unsicheres, Verwirrendes. „Worte wirken nicht [...] - Eher wirken konkrete Vorstellungen, ‚Bilder', Dinge, Handeln" (op. cit., S. 58). Ich will Zulligers Vorgehen wiederum mit einer Geschichte vergegenwärtigen:

„Der viereinhalbjährige Franz Singer wird seit einiger Zeit während der Nacht von Angstzuständen befallen. Er schreckt plötzlich aus dem Schlafe auf, tut zunächst einen lauten Schrei, als stecke er am Messer und dann weint er erbärmlich. Die Mutter, der Vater oder alle beide stürzen herbei, Franz hat sich aufgesetzt und schwimmt in Tränen. Man faßt das Häufchen Elend liebevoll, nimmt es in die Arme, drückt es an die Brust und jetzt schluchzt er nur noch, beruhigt sich zusehends. Was war denn los, fragt die Mutter. Franz reißt die Augen weit auf: ‚Es war ein Wolf in meinem Stübchen', flüstert er, als habe er Angst, das Untier wieder herbeizurufen, wenn er seinen Namen laut ausspreche. ‚Ein Wolf', sagt der Vater, ‚Unsinn. Dein Stübchen war ja verschlossen und wo wäre er denn jetzt hingekommen?'"

Die Eltern versuchen nun mit allen möglichen Mitteln, dem Kinde seine Wolfsangst zu nehmen, und als alles nicht fruchtet, kommen sie überein, eine Kinderpsychoanalytikerin aufzusuchen.

„Diese erteilte einen Rat, der den Eltern komisch vorkam. Herr Singer sollte zusammen mit Fränzchen ein Nachtlämpchen basteln. Er möge mit einer Schere aus einem Konservenbüchsendeckel einen kleinen Stern ausschneiden, in die Mitte ein Löchlein bohren und einen Docht aus Garn durchziehen. An den Hörnern des Sterns sollte er Schwimmer aus einem Korkzapfen befestigen, den Stern in ein Glas legen, worin sich eine Lage Wasser und darauf zwei Zentimeter Salatöl befänden. Bei all diesen Arbeiten müsse Fränzchen mithelfen und der Vater solle ihm freundschaftlich sagen: ‚So, da hast du jetzt mit mir zusammen ein Licht, *dein* Licht, hergestellt. Das stellen wir in deinem Stübchen auf die Schrankecke und zünden es an, wenn du dich zum Schlafen hinlegst. Es brennt die ganze Nacht durch und behütet dich vor dem Wolfe. Du wirst sehen, der zeigt sich nicht wieder.' [...] ‚Wir könnten Fränzchen auch ein elektrisches Nachtlämpchen anschaffen', erklärte Frau Singer, ‚so ein offenes Feuer...' - ‚Tun Sie dies nicht', riet die Frau Doktor. ‚Es kommt sehr darauf an, daß der Knabe den Eindruck hat, *aus eigener Kraft* ein Mittel zur Vertreibung des Wolfes geschaffen zu haben. Dies stärkt sein Selbstgefühl und des Knaben innere Sicherheit. Und damit kein Unglück geschehe wegen des offenen Feuers [...] stellen Sie das Lämpchen außer Reichweite des Söhnchens. Sie erklären ihm, man müsse sein Licht so hoch stellen, damit der Wolf es nicht ausblasen oder mit der Tatze herunterschlagen könne.' Herr Singer schüttelte zweifelnd den Kopf, als die Gattin ihm berichtete. Aber er folgte dem Rat, und siehe, es stellte sich ein Erfolg ein. Fränzchen schreckte nicht weiter auf. Nach ungefähr einem halben Jahr riet Frau Doktor, an einem Abend dem Fränzchen mitzuteilen, das Salatöl sei gerade ausgegangen, man werde am nächsten Tage anderes kaufen. Es sei zu beobachten, wie sich der Knabe verhalte. Er schlief durch. In der Folge wurde das Experiment von Zeit zu Zeit neuerdings durchgeführt. Die Wolfsangst zeigte sich nicht wieder. Nun riet Frau Dr. Lenz, mit Fränzchen zu vereinbaren, daß man das Lämpchen nur mehr bereitstelle, es nicht anzünde. Der Wolf glaube dann, es brenne immer noch, und er werde darum nicht erscheinen. Der Ratschlag wurde durchgeführt, und Fränzchen schlief weiter ungestört. Schließlich konnte man das Lämpchen verschwinden lassen. Franz hatte kein Interesse mehr daran, denn eben bastelte er mit dem Vater zusammen einen Lastwagenzug. Die kleine Wahnidee hat sich aufgelöst."
(Zulliger 1971, S. 112-114)

Diese Episode habe ich in einer früheren Arbeit ausführlich kommentiert (Bittner 1976). An dieser Stelle nur so viel: Damit ein Kind „versteht", woher seine Angst kommt und was gegen die Angst hilft, bedarf es nicht vieler Worte. Das Kind versteht unmittelbar, kraft seiner magisch-mythischen

Welterfassung, was der Therapeut ihm durch das symbolische Arrangement mit dem Salatöllämpchen sagen will: daß dieses Licht, das er gemeinsam mit dem „guten" Vater herstellt, hilfreich ist gegen den „Wolf", d. h. den bösen, einschränkenden, ängstigenden, kastrierenden Vater. Gebrauchen wir Worte für diesen Gefühlskomplex, verfallen wir unwillkürlich in die Sprache Melanie Kleins (1962) („gutes" und „böses" Objekt); doch Zulliger Zugang vermeidet eben die Worte; und er vermeidet darum auch das Befremdliche, das Melanie Kleins Formulierungen oftmals anhaftet. Er verständigt sich mit dem Kind auf der Ebene des autochthonen Symbols - psychoanalytisch gesprochen: des *Primärprozesses*. Hier finde ich eine Berührung Zulligers mit meinen eigenen aktuellen Interessen, die ich abschließend skizzieren möchte.

5. Zulliger und das Grund-Ich

Zulliger mit seinen hübschen Geschichten vom Fränzchen und Gusti ist ein Selbstgänger; es wird Leute geben, die ihn als altväterlich belächeln, aber niemand wird ernstlich etwas gegen ihn einwenden wollen. Darum möchte ich zum Schluß noch sagen, wo Zulliger subversiv und explosiv ist und wo ein Stück schwer verdaulicher (mir persönlich hoch willkommener) Anthropologie in seinen Auffassungen steckt. Sie ist ausgedrückt in dem einen Satz: Kinder erfassen die Welt magisch-animistisch-totemistisch - und auch beim erwachsenen Kulturmenschen ist dieses magisch-animistisch-totemistische Denken noch vorhanden, nur überlagert.

Diese Auffassung Zulligers setzt voraus, daß wir erwachsenen Kulturmenschen ein doppeltes Ich haben: das von Vernunft und Willen, vom Sekundärprozeß gesteuerte Tages-Ich und das Traum-Ich, das infantil, magisch-mythisch denkt, fühlt und erlebt. In Freuds „Totem und Tabu", das von den Übereinstimmungen im Seelenleben der Kinder, der Wilden und der Neurotiker handelt, ist diese Auffassung bereits angedeutet.

In der heutigen psychoanalytischen Narzißmus-Psychologie kommt dieselbe Denkfigur in anderer Variante zur Geltung: Grunberger (1987) spricht vom ödipalen und vom narzißtischen Menschen, wobei der ödipale Mensch der reife, an der Realität orientierte und der narzißtische das ewig unersättliche, verschmelzungssüchtige Kind ist, das die Welt mit seinen Imaginationen und Projektionen beseelt - entsprechend der Zulligerschen Konstruktion eines magisch-mythischen Weltbildes. Grunberger spricht von einem bipolaren Ich allerdings nur als pathologischer Variante, beim Normalmenschen sei die narzißtische Weltauffassung überwunden und integriert.

Ich denke - und das ist mein derzeitiges anthropologisches Hauptinteresse (vgl. Bittner 1977, 1986, 1992) -, daß der Mensch nicht nur in der Pathologie, sondern auch als normaler Zeitgenosse bipolar angelegt ist: Da gibt es die eine Seite, die logisch geordnet und sozial angepaßt funktioniert (den „Sekundärprozeß"), und es gibt die andere Seite, die träumt und die Welt als belebt und beseelt empfindet („Primärprozeß"). Heute besteht die Tendenz, diese irrationale, ja anti-rationale Grundschicht im Menschen einzuebnen. Auch manche Psychoanalytiker sehen ihre Aufgabe in unheilvoller Weise darin, den Primärprozeß auszurotten und dem Sekundärprozeß zur alleinigen Geltung zu verhelfen. Zulliger war einer der letzten, der von der „Magie der Seele" (um einen Ausdruck Sprangers aufzugreifen) wußte und der sie pflegte und kultivierte. Ich glaube, daß es nicht seine biedere Altväterlichkeit, sondern diese naive Subversivität gegen den pädagogischen Zeitgeist ist, die Zulliger so sehr aus dem Bewußtsein der Pädagogen hat verschwinden lassen.

Literatur

Bittner, G.: Psychoanalyse und soziale Erziehung. München [3]1972.

Bittner, G.: Psychoanalyse und das Handeln des Erziehers. In: Zeitschrift für Pädagogik 19 (1973), S. 77-89.

Bittner, G.: Die „heilenden Kräfte" im kindlichen Spiel. In: H. Halbfas/F. Maurer/W. Popp (Hrsg.): Spielen, Handeln und Lernen. Stuttgart 1976, S. 41-52.

Bittner, G.: Tarnungen des Ich. Studien zu einer subjektorientierten Abwehrlehre. Stuttgart 1977.

Bittner, G.: Der psychoanalytische Begründungszusammenhang in der Erziehungswissenschaft. In: G. Bittner/Ch. Ertle: Pädagogik und Psychoanalyse. Beiträge zur Geschichte, Theorie und Praxis einer interdisziplinären Kooperation. Würzburg 1985, S. 31-46.

Bittner, G.: Das Unbewußte - ein Mensch im Menschen? Würzburg 1988.

Bittner, G.: Person oder „Psychischer Apparat"? Überlegungen zu einer paradigmatischen Neuorientierung der Psychoanalyse und psychoanalytischen Pädagogik. In: V. Fröhlich/R. Göppel (Hrsg.): Sehen, Fühlen, Verstehen. Psychoanalytisch orientierte Zugänge zu pädagogischen Handlungsfeldern. Würzburg 1992, S. 10-30.

Buber, M.: Das dialogische Prinzip. Heidelberg 1979.

Freud, S.: Totem und Tabu. In: Gesammelte Werke, Bd. IX. Frankfurt/M. [5]1973.

Freud, S.: Massenpsychologie und Ich-Analyse. In: Gesammelte Werke, Bd. XIII. Frankfurt/M. [8]1976.

Freud, S./Pfister, O.: Briefe 1909-1939. Frankfurt/M. 1964.

Grunberger, B.: Don Quijote - Narziß - Sein Kampf und sein Scheitern. In: Forum der Psychoanalyse, Bd. 3, Heft 1. Berlin-Heidelberg 1987.

Kasser, W. (Hrsg.): Hans Zulliger. Eine Biographie und Würdigung seines Wirkens. Bern/Stuttgart 1963.

Klein, Melanie: Das Seelenleben des Kleinkindes. Stuttgart 1962.

Rehm, W.: Die psychoanalytische Erziehungslehre. München 1968.

Rogers, C. R.: Die Kraft des Guten. München 1978.

Spranger, E.: Die Magie der Seele. Tübingen 1947.

Steger-Hain, Zita: Die psychoanalytische Erziehung Zulligers. Phil. Diss. Salzburg 1969.

Zulliger, H.: Aus dem unbewußten Seelenleben unserer Schuljugend. (Schriften zur Seelenkunde und Erziehungskunst. Heft IX.) Bern ^{2}1927 (^{1}1923).

Zulliger, H.: Über eine Lücke in der psychoanalytischen Pädagogik. In: Zeitschrift für Psychoanalytische Pädagogik 10 (1936), S. 337-359.

Zulliger, H.: Heilende Kräfte im kindlichen Spiel. Stuttgart ^{3}1959, ^{4}1963.

Zulliger, H.: Schwierige Kinder. Bern/Stuttgart ^{5}1963.

Zulliger, H.: Bausteine zur Kinderpsychotherapie. Bern/Stuttgart 1966.

Zulliger, H.: Psychoanalyse und Pädagogik. In: J. Cremerius (Hrsg.): Psychoanalyse und Erziehungspraxis. Frankfurt/M. 1971, S. 112-123.

Gerd E. Schäfer

DONALD W. WINNICOTT

(1896 - 1971)

„There is no doubt that from his earliest years Donald did not doubt that he was loved, and he experienced a security in the Winnicott home which he could take for granted. In a household of this size there were plenty of chances for many kinds of relationships, and there was scope for the inevitable tensions to be isolated and resolved within the total framework. From this basic position Donald was then free to explore all the available spaces in the house and garden around him and to fill the spaces with bits of himself and so gradually to make his world his own. This capacity *to be at home* served him well throughout his life." (C. Winnicott 1978, S. 21; Hervorhebung im Original)

„Ich erinnere mich an einen Sonntagvormittagsbesuch bei ihm - ich hatte Professor Lionell Trillings ‚Freud and the Crisis of our Culture' (1955) bei mir und drängte ihn, er solle das Buch lesen. Er schlug die Hände vors Gesicht, verharrte so eine Weile, sah mit einem Ruck seinen Besucher wieder an und sagte: ‚Es hat keinen Zweck, Masud, von mir zu verlangen, ich solle irgend etwas lesen! Wenn es mich langweilt, schlafe ich mitten auf der ersten Seite ein, und wenn es mich interessiert, werde ich am Ende der ersten Seite schon anfangen, das Buch umzuschreiben.'" (Khan 1982, S. 223 f.)

In den beiden Zitaten geht es um zwei Dimensionen, „einen eigenen Raum zu finden": Zuhausesein und Aneignung durch individuelle Variation. Humor, gepaart mit Ernst, markiert diesen Raum als einen Spielraum.

Winnicott für eine psychoanalytisch inspirierte Pädagogik zu reklamieren könnte direkt auf eines seiner zentralen Themen hinführen, das sich leicht mit pädagogischen Interessen kreuzt, das Thema des Spiels. Es klingt in den beiden Zitaten in dem übergreifenden Sinn an, den Winnicott ihm gegeben hat: als eine lebenslange Beziehungsform zwischen dem Individuum und seiner Mitwelt, aus der das kulturelle Erleben entspringt. Wenn ich jedoch nicht direkt auf dieses Thema zusteuere, so deshalb, weil das „Spielen-Mit" erst vor dem Hintergrund einer Weise des „Zuhause-Seins" verständlich wird. Die Verschränkung beider Themen und ihre Verknüpfung mit der Pädagogik zeigen sich vielleicht am deutlichsten, wenn ich Winnicotts Auffassung von der Entwicklung des Kindes in den ersten Lebensjahren vor Augen stelle. Doch zuvor noch einiges biographisches Material zur Person Winnicotts.

1. Biographische Notizen[1]

Donald W. Winnicott wurde 1896 in Plymouth geboren. Seine Mutter soll eine lebhafte Frau gewesen sein, die leicht ihre Gefühle zu zeigen und auszudrücken verstand (C. Winnicott 1978). Der Vater war angesehener Kaufmann und zweimaliger Bürgermeister der Stadt. Er wurde später geadelt. Beide Eltern scheinen einen deutlichen Sinn für Humor gehabt zu haben. Winnicott wächst als jüngstes von drei Kindern (die Schwestern waren 5 bzw. 6 Jahre älter) und in engstem Zusammenleben mit seinen fünf Cousins und Cousinen auf. Von all diesen Kindern war er das jüngste. Zusätzlich zu Eltern, Onkel und Tante gab es noch eine Gouvernante und ein Kindermädchen.

„... so in a sense I was an only child with multiple mothers and with father extremely preoccupied in my younger years with town as well as business matters." (C. Winnicott 1978, S. 23)

Im Alter von 13 Jahren wurde er auf Veranlassung des Vaters auf eine Internatsschule geschickt, um ihn dem schlechten Einfluß eines Freundes und wohl auch der mütterlichen Nachgiebigkeit zu entziehen. Seinen Wunsch, Arzt zu werden, hat er mit Hilfe eines Freundes dem Vater beibringen müssen, der die Vorstellung hegte, Donald würde sein gut gehendes Geschäft übernehmen. Nach Beginn seines medizinischen Studiums brach der Erste Weltkrieg aus. Die Cambridge Colleges verwandelten sich in Militärhospitäler und Winnicott zeitweise in einen Krankenpfleger. Obwohl als angehender Arzt vom Militärdienst befreit, meldete er sich freiwillig als Sanitätsoffizier zur Marine.

1923 hatte er seine medizinische Ausbildung abgeschlossen und übernahm eine Stelle am Paddington Green Children's Hospital. Gleichzeitig eröffnete er eine eigene Praxis. Er blieb vierzig Jahre Arzt dieser Klinik, die er scherzhaft „Psychiatric Snack Bar" oder „Clinic for dealing with parents' hypochondria" nannte. Nach einem zufälligen Kontakt mit Freuds Traumdeutung entschloß er sich zu einer psychoanalytischen Ausbildung und unterzog sich einer mehr als zehnjährigen Analyse.

Die Notwendigkeit, im Klinikbetrieb sehr viele Kinder zu sehen und zu behandeln, brachte es mit sich, daß er versuchte, größtmöglichen therapeutischen Nutzen aus den alltäglichen Situationen der Konsultation zu ziehen. Er entwickelte dafür ein eigenes Instrumentarium, Kinder und Eltern in eine bedeutungsvolle Beziehung zu verwickeln, um dabei das zu erfahren, was zum Verstehen eines Problems notwendig war (vgl. das Spatel- und das Squiggle-Spiel; Winnicott 1941 bzw. 1973 b). Ein Großteil seiner analytischen Arbeit

---

[1] Daten über Winnicotts Lebenslauf finden sich bei Hamann 1993, Davis/Wallbridge 1983, Khan 1982, Phillips 1988, Clare Winnicott 1978.

fand also außerhalb des psychoanalytischen Settings mit Kindern und Eltern statt. Dies ist wohl ein Grund dafür, daß Winnicotts Einsichten sich auch für den pädagogischen Bereich als so überaus fruchtbar erweisen. Hinzu kommt, daß sein eigenes Interesse sich zunehmend vom kranken auf das gesunde Kind ausdehnte. Das hat auch seine Konsequenzen für die Untersuchung des Interaktionsgeschehens: Die Alltagssituation insbesondere als spielerische Inszenierung gewinnt gegenüber dem therapeutischen Setting ein eigenes Gewicht.

„Gegen Ende seines Lebens kümmerte Winnicott sich immer stärker um ein Verständnis dessen, nicht was den Menschen krank macht, sondern was ihn in der wechselseitigen Fürsorge unter seinesgleichen inmitten der Gegebenheiten der Kultur gedeihen läßt." (Khan 1982, S. 251)

D. W. Winnicott starb 1971.

2. Winnicott und die psychoanalytische Pädagogik

Das traditionelle Verständnis psychoanalytischer Pädagogik ist geprägt von dem Gedanken psychischer Prophylaxe, von einer Verbesserung des Verstehens kindlicher Schwierigkeiten und von der Differenzierung pädagogischen Handelns analog zu diesen gewandelten Einsichten. Selbstverständlich könnte man auch den Beitrag Winnicotts zu solchen Problemstellungen herausarbeiten. Seine Auffassungen von der Aggressivität oder der „antisozialen Tendenz" wären hier ebenso zu referieren wie seine Überlegungen zum „wahren" oder „falschen Selbst".[1]

Ich meine jedoch, daß der Beitrag Winnicotts zu einer psychoanalytisch orientierten Pädagogik mehr noch auf einem anderen Gebiet liegt: Er hat die systematische psychoanalytische Säuglingsbeobachtung, wie sie im Anschluß an René Spitz und Margaret Mahler betrieben wird (z. B. Lichtenberg 1983, Stern 1985, zusammenfassend Stork 1986, Dornes 1993) um die fokale Beobachtung des Säuglings in alltäglichen Situationen, wie sie dem Kinderarzt begegnen, erweitert und theoretisch fruchtbar gemacht. Wir werden durch ihn mit einem Spektrum alltäglicher psychosozialer Prozesse und Dynamiken konfrontiert, die auch den nicht-therapeutisch orientierten Pädagogen interessieren. Durch seine Phänomenologie früher Mutter-Kind-Interaktionen hat er Wegzeichen für eine Pädagogik der frühen Kindheit, jenseits von pädagogischen Veranstaltungen zur Förderung kindlicher Leistungsfähigkeit, gesetzt. Darüber hinaus hat er Beziehungsstrukturen in der frühen Kindheit ausfindig gemacht, die Bedeutung für die gesamte menschliche Lebens-

---

1 Eine sozialpädagogische Ausdeutung Winnicotts bietet Dockar-Drysdale 1990.

spanne behalten und die den Kern einer psychoanalytisch inspirierten Bildungstheorie bilden können. Davon wird im folgenden die Rede sein. Ich taste mich an einigen Begriffen entlang, die - der Alltagssprache entnommen - durch Winnicott einen besonderen Sinn bekommen haben. Den Anfang mache ich mit einigen Überlegungen zum „inneren Impuls".

3. Der innere Impuls

Dies ist ein bewußt vager Begriff. Er wird von Winnicott zwar verwendet, doch gehört er so nicht unbedingt zu seinem begrifflichen Kernbestand. Einigen seiner Facetten, wie z. B. dem Es-Impuls oder der Motilität, kommt hingegen zentrale Bedeutung zu. Ich habe den Begriff des inneren Impulses als Rahmenbegriff für einige Bedeutungsaspekte gewählt, die nun zu erläutern sind.

3.1. Der innere Impuls als Eigenaktivität des Kindes

Die Verhaltensbeobachtung von Kleinkindern und die Erforschung ihrer sinnlichen Wahrnehmung - sehen, hören, riechen, schmecken - haben die Vorstellung vom passiven Säugling, der völlig geborgen in einer Art schonendem Dämmerzustand reizgeschützt die ersten Lebensmonate verbringt, zunichte gemacht. Deutlicher noch, der Säugling wird nicht nur als ein *aktives*, sondern als *eigenaktives* Wesen betrachtet. Außer daß er aktiv auf seine Umwelt reagiert, geht er auch aus eigenem Impuls denkend, strukturierend und experimentierend auf diese Welt zu. Umweltpsychologisch ausgedrückt, haben die Weltdinge für das kleine Kind Herausforderungscharakter. Subjektpsychologisch gesehen, fordert der Säugling seine Mitwelt heraus, indem er aus eigener Initiative auf sie zugreift und ihre Reaktion als Erfahrungen verbucht.

Diese Annahmen sind uns aus der neueren, vornehmlich kognitiv orientierten Säuglingsforschung vertraut und werden durch die Psychologie und Physiologie der Wahrnehmung mitgetragen (zusammenfassend hierzu Stork [1986] und Dornes [1993], die diese Forschungen auch in Beziehung zu psychoanalytischen Forschungen über die frühe Kindheit stellen). Sie unterstützen aus nicht-psychoanalytischer Sicht Winnicotts Ausgangsvorstellung vom subjektiven Impuls des Kindes, aus dem die Begegnung mit der Umwelt hervorgehen muß, wenn das Kind sich psychisch gesund entwickeln soll. Doch im Zentrum der Winnicottschen Betrachtung vom inneren, spontanen Impuls stehen andere Aspekte.

3.2. Der innere Impuls als Es-Impuls

Aus psychodynamischer Sicht ist der innere Impuls zunächst einmal ein *Triebimpuls*. Als solcher unterliegt er den Gesetzen der Triebdynamik, strebt nach Befriedigung und Spannungsausgleich und folgt den Regulationen des Lustprinzips. Soweit fließen Vorstellungen der klassischen Standpunkte der Psychoanalyse in das Winnicottsche Konzept mit ein. Er aber setzt einen neuen Schwerpunkt. Mit dem Triebwunsch legiert ist nämlich noch ein anderer Aspekt des subjektiven Impulses, den er *Motilität* nennt. Sie bildet den Ausgangspunkt für die Entwicklung der Aggressivität. Motilität bedeutet zunächst lebendige Bewegung. Sie steht in einem Gegensatz zur Triebbefriedigung. Triebbefriedigung strebt nach Erfüllung und damit nach Ruhe, Motilität hingegen nach Widerstand, an dem sie sich abarbeiten kann.

Im frühen Es-Impuls sind Libido und Motilität miteinander verschmolzen. Ist die Mutterpflege nur auf Befriedigung aus, erlaubt sie der Motilität keine Betätigung und steht damit dem Selbständigwerden des kleinen Kindes im Weg. Motilität ist darauf angewiesen, auf Widerstand zu stoßen. „Jeder Säugling muß fähig sein, soviel wie möglich von seiner primitiven Motilität in die Es-Erlebnisse einzubringen. Hier ist es zweifellos richtig zu sagen, daß der Säugling, falls eine vollständige und ungehinderte Es-Befriedigung möglich wäre, mit dem, was aus der Wurzel der Motilität bezogen wird, unbefriedigt bliebe" (Winnicott 1947, S. 99).

3.3. Innerer Impuls und Phantasieleben

In einer zweiten Hinsicht ist der innere Impuls Ausdruck eines - vermutlich einfachen - Phantasielebens des Kindes. Dabei wird Phantasie als das psychische Korrelat des Triebgeschehens aufgefaßt (Melanie Klein).

Diesem Phantasieleben kommt - hier folgt Winnicott der Auffassung Melanie Kleins - ein wichtiger Part in der Bezugnahme des Subjekts zur Welt zu. Während unser sensorisches und kognitives Instrumentarium darauf gerichtet ist, die Welt in geeigneten Transformationen für uns einzufangen, spiegelt das Phantasieleben die subjektiven Deutungen und Bedeutungen wider, die die Objektbeziehungen für den einzelnen bekommen. Ein vom Subjekt als sinnvoll empfundener Weltbezug muß daher diesem Phantasieleben Raum gewähren. Der subjektive Impuls des Säuglings entspringt so gesehen auch seinem primitiven Phantasieleben. Es ist wichtig, daß er dort seine Quelle hat, damit er als ein eigener empfunden werden kann.

Die These vom Phantasieleben des Kindes muß heute nicht mehr als rein psychoanalytische Spekulation gelten. Schlafforschung, insbesondere die

Untersuchung der REM-Phasen (vgl. Winson 1986), sowie das Studium der kindlichen Mimik und ihrer Innervationen (vgl. Oster und Ekmann, nach Stork 1986, S. 15 f.) halten ebenfalls ein frühes kindliches Phantasieleben für wahrscheinlich.

3.4. Der innere Impuls als Globalbegriff

Es war mir wichtig, gegenüber einer kognitivistischen und sensorischen Verengung der Aktivität des Säuglings jene andere Dimension des subjektiven Impulses herauszuheben, die nach psychoanalytischer Ansicht mit dem Wollen, Wünschen und der narzißtischen Ergänzung des Subjekts durch die Welt zu tun hat. Vielleicht war es nicht im Sinne Winnicotts, den vagen Begriff vom *subjektiven Impuls* so, wie ich es getan habe, aufzuspalten und aspekthaft zu erläutern, denn seine scheinbar mangelnde Präzision hat Methode, gibt sie doch jener diffusen Ganzheitlichkeit Ausdruck, die wir dem frühkindlichen Erleben unterstellen, dem gegenüber unsere sachlichen und begrifflichen Differenzierungen als unangemessen scharf und von der hoch strukturierten Psyche des Erwachsenen her gedacht erscheinen. So möchte ich nach solcherlei interpretierendem Ausgreifen wieder zu diesem vieldeutigen Begriff auf der Grenze zwischen biologischem und psychischem Leben zurückkehren. Mit voller Absicht wäre die sprachliche Differenziertheit meiner Begriffsaufspaltungen aus der Sicht der Erwachsenenpsyche wieder zurückzunehmen.

Ihr gegenüber hält der vage Begriff vom spontanen, inneren Impuls eine Vorstellung von geringer Abgrenzung verschiedener Erfahrungsbereiche voneinander und damit die Vorstellung von einem psychischen Leben und Erleben des Säuglings fest, das noch nicht durch sprachliche Fassung in einzelne Kategorien aufgeteilt wurde. Bedenken wir also, daß „innerer Impuls" durch die Begriffe Aktivität, sinnliche und kognitive Verarbeitung, Phantasiebildung und inneres Erleben zwar differenziert, vermutlich aber auch unzulässig begrenzt wird.

Ich habe relativ ausführlich den Begriff des subjektiven Impulses in Augenschein genommen, weil die folgenden Aussagen sich mit dem Schicksal beschäftigen, welches dieser subjektive Impuls nehmen kann, wenn dem Kind eine genügend gute oder auch keine genügend gute Entwicklung ermöglicht wird.

4. Das Halten, das den Impuls zur Geltung kommen läßt

Der Begriff des *Haltens* orientiert sich am alltäglichen Umgang mit dem Säugling: Er wird von den Armen umschlossen, die ihm das Gefühl geben, in Sicherheit zu sein. Gleichzeitig vermitteln diese Arme einen Widerstand, an dem die Grenze des kindlichen Körpers erlebbar wird, und begünstigen so den Beginn eines subjektiven Körperschemas. Der Säugling wird getragen und gehalten, wenn er sich unbehaglich fühlt oder nicht zur Ruhe kommt. Er wird ebenso gehalten, während er trinkt. Es geht beim Halten also um mehr als nur um das physische Halten. Hinzu kommt nämlich eine *Perspektive*, die dieses Gehaltenwerden in den Dienst subjektiver Bedeutungshorizonte stellt: die der Sicherheit, der psychischen und physischen Unversehrtheit, des Freiseins von Überforderung, des Eingebettetseins in (auch) körperlich spürbare Grenzen, der Begegnung mit einem das Ich strukturierenden Widerstand in der äußeren Umwelt.

In beinahe zynischer Gegenüberstellung arbeitet Winnicott drastisch-deutlich heraus, worum es ihm geht. Er beschreibt, wie eine Mutter ihre kleine Tochter aufnimmt:

„Packt sie ihren Fuß, zerrt sie ihre Tochter aus dem Kinderwagen und reißt sie hoch? Hält sie eine Zigarette in der einen Hand und schnappt sie mit der anderen? Nein. Sie geht völlig anders an die Sache heran. Ich glaube, sie neigt dazu, ihre Tochter auf sich aufmerksam zu machen, dann legt sie ihre Hände um sie, damit sie sie richtig aufnehmen kann; sie versichert sich in der Tat erst der Kooperation des Säuglings, bevor sie ihn hochhebt, und dann bewegt sie ihn von einem Ort zum anderen, aus dem Bett auf die Schulter [...]
Die Mutter bezieht den Säugling nicht in alle ihre persönlichen Erfahrungen und Gefühle ein. Manchmal schreit der Säugling und schreit weiter, bis sie Mordgedanken hegt; sie nimmt es jedoch mit derselben Sorgfalt auf, ohne Rachegefühle - oder doch nur sehr wenigen. Sie vermeidet es, das Baby zum Opfer ihrer Impulsivität zu machen. [...]
Immer wieder kämpft eine Mutter mit ihren eigenen Launen und Ängsten, sowie den Aufregungen ihres Privatlebens, gibt aber dem Säugling, was ihm zukommt. Auf dieser Grundlage kann der Säugling ein Verständnis für die außerordentliche Komplexität der Beziehung zwischen zwei Menschen entwickeln." (Winnicott, zit. n. Davis/Wallbridge 1983, S. 155 f.)

Psychologisch gesprochen, bietet das Halten eine Ich-Unterstützung in allen Fällen, in denen die Integration und Sicherheit des kleinkindlichen Subjekts gefährdet wäre. Das mütterliche Ich nimmt, indem die Mutter das Kind hält, das auf sich, was das kindliche Ich noch nicht tragen oder ertragen kann.

Besonders wichtig wird das Halten bzw. das Gehaltenwerden in Situationen kindlicher Aggressivität, sei es der Wut oder der Zerstörung, Situationen, die den Säugling psychotischen Ängsten vor dem Zerfall, dem Sturz ins Bodenlose oder dem Tod aussetzen. Hier wird das Halten vornehmlich zum Aushalten, ohne daß man das Kind für seine Aggressivität bestraft.

In diesem Sinne hat Stork (1986) das Halten verstanden. Würde es nur Geborgenheit vermitteln, so würde es die Selbständigkeit des Kindes verhindern. Vielmehr geht es „um die Möglichkeit des Nehmens, *des Annehmens, Aufnehmens und Ertragens*, insbesondere von Eigenarten und Eigenwilligkeiten; ohne sich angegriffen zu fühlen und auf gleiche Weise zu reagieren" (S. 30 f.).

Das Halten und Gehaltenwerden ermöglicht also die ambivalenten Äußerungen des inneren Impulses, auch wenn das kindliche Ich noch zu schwach und undifferenziert ist, deren Auswirkungen zu verkraften. Es ist die erste Hilfestellung, die es dem Kind ermöglicht, den inneren Impuls zur Geltung kommen zu lassen, selbst wenn es noch nicht erkennen und - noch weniger - Verantwortung dafür übernehmen kann, was es damit in sich und mit anderen anrichtet.

Sieht man Halten und Gehaltenwerden so, dann muß es sich nicht auf das Säuglingsalter beschränken. Es kann in allen späteren Situationen notwendig werden, in denen die psychische Leistungsfähigkeit des Kindes überschritten wird. Besonders spürbar und vielleicht auch notwendig wird es nochmals in der Pubertät, wo die teilweise aggressiven, trotzigen und/oder kränkenden Abgrenzungsversuche das Aus-halten der Erwachsenen auf eine harte Probe stellen. Man bedenke dabei, daß das Aushalten der Erzieher ein Halten der Kinder bedeuten kann.

5. Das Zögern, welches den inneren Impuls hervorlockt

Während das Bild des Haltens aus der Frühzeit kindlicher Entwicklung stammt, in der der Säugling noch keine gesicherte körperliche und psychische Einheit erfahren hat, zeigt das Konzept der Zögerns an, daß eine gewisse Trennung zwischen innerer und äußerer Welt im Entstehen begriffen ist. Was heißt Zögern? Winnicott erklärt es in einer bestimmten Situation, die er mit Säuglingen, die ungefähr 6 Monate oder älter sind, herstellt:

„Wenn ich einen Säugling vor mir habe, bitte ich die Mutter, sich mir so gegenüber zu setzen, daß die Tischecke zwischen uns ist. Sie setzt sich hin, mit dem Baby auf dem Schoß. Ich pflege immer einen rechtwinklig abgebogenen, blinkenden Spatel zum Niederdrücken der Zunge an den Rand der Tisches zu legen. Dann fordere ich die Mutter auf, das Kind so zu halten, daß es den Spatel anfassen kann, wenn es will."

Sodann erläutert Winnicott, was in dieser so von ihm vorstrukturierten Situation geschieht:

„1. Phase:

Das Baby streckt die Hand nach dem Spatel aus, aber in diesem Augenblick entdeckt es unerwarteterweise, daß es die Lage bedenken muß. Es ist in der Klemme. Entweder schaut es, die Hand auf den Spatel und den Körper ganz still haltend, mich und seine Mutter mit großen Augen an, beobachtet und wartet, oder es nimmt, in bestimmten Fällen, sein Interesse ganz zurück und verbirgt das Gesicht an der Brust der Mutter […]

2. Phase:

[…], während der ‚Periode des Zögerns' (wie ich sie nenne) hält das Baby seinen Körper ruhig […]. Allmählich faßt es genug Mut, um seinen Gefühlen zu erlauben, sich zu entwickeln, und dann wandelt sich das Bild ganz rasch […] der Mund wird schlapp, die Zunge sieht dick und weich aus, und der Speichel fließt reichlich. Alsbald steckt es den Spatel in den Mund und kaut mit seinem zahnlosen Mund auf ihm herum" (Winnicott 1941, S. 32 f.).

Durch dieses Zögern entsteht eine Lücke, in der ein innerer Prozeß abzulaufen scheint, den Winnicott mit Phantasiebildung zusammenbringt; diese dürfte sich mit einer inneren Ambivalenz zwischen Angezogensein durch den Gegenstand und einem inneren Vorbehalt beschäftigen, der es geraten sein läßt, lieber auf den Umgang mit dieser Attraktion zu verzichten - so etwas wie eine frühe Form des Gewissens. Dieser innere Prozeß braucht Zeit, um entschieden zu werden, und erst dann kann das Kind handeln. Daß es zu einer solchen Ambivalenz kommen kann, setzt eine gewisse Trennung zwischen der inneren und der äußeren Welt voraus.

„Wir können sagen, daß das Baby fähig wird, mit diesem Spiel zu zeigen, daß es begreifen kann, daß es ein Inneres hat, und daß Dinge von außen kommen. Es zeigt, daß es weiß, daß es durch das bereichert wird, was es sich einverleibt (physisch oder psychisch). Ferner zeigt es, daß es weiß, wie es sich eines Gegenstandes (einer Sache) entledigen kann, wenn es das von ihm bekommen hat, was es wollte […]" (Winnicott 1945, S. 61).

Mit dieser Entwicklung stellt sich die Aufgabe, zwischen dem inneren Impuls und der äußeren Attraktion eine Verbindung herzustellen. Das Zögern gibt Zeit und Raum, diese Aufgabe zu erfüllen.

Man kann dieses bislang innersubjektive Konzept des Zögerns auch in einen zwischenmenschlichen Bereich verlagern: Die Beziehung zwischen dem kindlichen Subjekt und seiner Umwelt muß es erlauben, daß solche Lücken im Geschehensverlauf eintreten können, in denen das Kind nach subjektiven Lösungen für diese Anbindung des spontanen Impulses an die von außen kommenden Attraktionen und Anforderungen zu suchen hat. Das bedeutet des öfteren, ein „Zögern" in der Interaktion zwischen Erzieher und Kind zuzulassen und das Kind nicht allzusehr zu zwingen, auf gegebene Umstände zu reagieren.

Der subjektive Impuls kann unterschiedliche Schicksale erleiden: Er kann zum einen verständnisvoll von der Umwelt aufgenommen werden. Stellt sich diese Umwelt zu wenig auf das Kind ein, muß dieses auf Anforderungen antworten, die es nicht mit seinem inneren Erleben in Einklang und damit mit subjektiver Bedeutsamkeit besetzen kann. Es wird gezwungen, sich diesen Anforderungen zu fügen, muß seinen inneren Impuls, sein inneres Erleben gegen solche als Übergriffe erlebte Anforderungen schützen. Es beginnt sein Leben auf einer Ebene des Widerstands gegenüber äußeren Eingriffen. Dieser Widerstand kann verschiedene Formen annehmen. Eine davon ist die Entwicklung eines *falschen Selbst*.

Die Bereitschaft zum „Zögern" hingegen gewährt dem Kind einen Raum, in dem es nicht reagiert, um sich zu schützen, sondern um die Anregungen und Anforderungen der äußeren Umwelt so aufzugreifen, daß sie mit seinen inneren Impulsen verknüpft werden können und somit zu einer Bereicherung inneren Lebens führen.

Auch dieses Konzept des „Zögerns" muß nicht auf eine Pädagogik der frühen Kindheit beschränkt bleiben. In Mannonis Modell der „gesprengten Institution" hat es m. E. eine Fortführung und Ausweitung erfahren. Unter anderem hat sie die Distanz zur Grundlage einer „pädagogischen Beziehung" gemacht, die dem subjektiven Wunsch erst die Möglichkeit gibt, sich symbolisch zu artikulieren. Ihr Ansatz reicht weit über das frühe Kindesalter hinaus. Ich sehe keine Schwierigkeiten, ihre Grundgedanken über den engeren Bereich der Betreuung psychisch Kranker hinaus in die allgemeine pädagogische Theoriebildung zu übernehmen (Mannoni 1972, 1976).

6. Das „falsche Selbst", welches den inneren Impuls verbirgt

Wird das Kleinkind vermehrt gezwungen, auf äußere Anforderungen zu reagieren, ohne sie mit seinem inneren Verlangen verknüpfen zu können, so erlebt es sie als Übergriff. Die Bildung eines *falschen Selbst* dient dann dazu, mit dessen Hilfe eine „dauerhafte Bastion" gegen solche Übergriffe zu errichten. Die Raffinesse dieser Verteidigungsstruktur liegt in ihrer Wandlungs- und Anpassungsfähigkeit. Das Kind verwendet nämlich seine Anpassungs- und Lernbereitschaft gegenüber der Umwelt, um geeignete Antworten auf diese permanenten Eingriffe der Umwelt in sein subjektives Leben zu finden: Es ist die Gefügigkeit gegenüber diesen Anforderungen, die als Abwehrfront dient, die, als *falsches Selbst,* das subjektive Leben in ein unentfaltetes Dasein einsperrt und damit gegen unerwünschte Eingriffe schützt.

Das bedeutet, daß gerade die Lern- und Anpassungsbereitschaft des kleinen Kindes ihm die Möglichkeit gibt, sein subjektives Leben nicht zu entfalten, auf das Wirksamwerden des inneren Impulses im Äußeren zu verzichten. Kindsein entwickelt sich dann als Widerstand gegen derartige Übergriffe. Eine Pädagogik, die sich als Verlängerung schulischen Leistungsstrebens in die frühe Kindheit versteht, läuft Gefahr, gerade in diese Falle zu laufen: Indem sie die Lernfähigkeit des Kindes ausbeutet, versperrt sie ihm den Zugang zum eigenen personalen, sinnerfüllten Leben.

Wenn man Heranwachsende und Erwachsene im Hinblick auf Strukturen eines *falschen Selbst* untersucht, so kann man eine Palette von Übergängen finden. Sie reicht von zeitlich begrenzten Abwehrfronten, die ein Funktionieren in Überforderungssituationen zeitweise aufrecht erhalten, bis hin zu Menschen, die kein personales Leben mehr in sich verspüren. Auch dieses „Verteidigungskonzept" reicht also weit über die frühe Kindheit hinaus.

7. Der intermediäre Bereich, in dem der innere Impuls in einen Austausch mit der äußeren Welt eintritt

Mit der erlebnis- und erfahrungsmäßigen Trennung einer inneren von einer äußeren Welt spitzt sich das Problem ihrer beiderseitigen Wiedervermittlung zu. Winnicott löst es durch die Einführung eines intermediären Bereichs, der zwischen der inneren und der äußeren Welt vermittelt. Sein erster sichtbarer Vertreter sind bekanntlich die Übergangsobjekte; seine späteren Entwicklungen, das kindliche Spiel und ferner das kulturelle Erleben, haben Bedeutung für die gesamte Lebensspanne (Winnicott 1973a; vgl. hierzu auch Schäfer 1986, 1987).

Kennzeichnend für diesen Bereich ist, daß in ihm nicht zwischen innerer und äußerer Welt unterschieden werden muß. Von außen her gesehen, ist die Realitätsprüfung so weit aufgehoben, daß die Bedingungen der äußeren Realität nicht unbedingt als zwingend erlebt werden. Von innen her gesehen, wird, neben den Ich-Kompetenzen, dem Wunsch- und Triebleben, eingeschlossen seine unbewußten Anteile, ein Spielraum eingerichtet. Diese beiderseitige Flexibilität ermöglicht eine subjektive Verbindung zwischen innerer und äußerer Welt, in der der subjektive Wunsch eine Realisierung in der äußeren Wirklichkeit und die äußeren Bedingungen eine kreative Veränderung durch die innere Betätigung erfahren. Dies ist nur möglich, weil der intermediäre Bereich eine eigene Wirklichkeitsebene besitzt, die symbolische, welche flexibler als die „wirkliche Wirklichkeit" gebraucht werden kann.

Für Winnicott ist es bedeutsam, daß das Subjekt über die Erfahrung und die Entwicklung des intermediären Bereichs sein subjektives Leben bereichert, indem es äußere Realität in innere transformiert. Man sollte jedoch den anderen Aspekt dabei nicht übersehen, daß das soziale und kulturelle Leben durch die Produkte dieser individuellen Verbindung aus innerer und äußerer Welt ebenfalls erweitert und ausdifferenziert wird.

Struktur und Verlauf des Spiels charakterisieren vielleicht am besten den Gebrauch des intermediären Bereichs. Auch der Pädagoge kann ihn betreten, indem er ‚mitspielt', d. h. sich ganz auf die Handlungs- und Gestaltungsprozesse des Spiels einläßt.

Der Gebrauch des intermediären Bereichs steht also im Gegensatz zum Reagierenmüssen und seinen mehr oder minder starren Abkömmlingen der Verteidigung des inneren Impulses auf Kosten seiner Lebendigkeit und seiner Fortentwicklung.

8. Anmerkung zur Vollendung von Prozessen

Es hat sich - ausgehend vom subjektiven Impuls - eine Linie zunehmender Integration von innerer und äußerer Welt gezeigt. Vor diesem Horizont wird verständlich, was Winnicott ein „abgeschlossenes Erlebnis" (1941, S. 52) oder die „Vollendung von Prozessen" (1960, S. 56) nennt. Erst das Konzept eines subjektiven Impulses, der sich zu den Vorstellungen der inneren Welt und des intermediären Bereichs erweitert, macht deutlich, daß der Säugling nicht nur aktiv sensorische oder sonstige Erfahrungen macht, sondern von frühester Kindheit an diese Erfahrungen mit zunächst globalen, später differenzierteren Mustern einer inneren Erlebnisrealität verknüpfen muß (vgl. hierzu auch Ciompis *affektlogische Schemata*: Ciompi 1982).

Winnicott hat diese kindliche Erlebnisrealität in Anlehnung an Melanie Kleins Konzepte der „schizoiden und depressiven Position" noch weiter konkretisiert. Das abgeschlossene oder vollendete Erleben schließt dieses Einarbeiten in die innere Erfahrungs- und Erlebniswelt ein. Dieser Prozeß verläuft nicht schlagartig, sondern erfordert Gelegenheit, Raum und Zeit, um sich entwickeln zu können. Aushaltendes Halten, zögernde Distanz, Mitspielen im intermediären Bereich sind Handlungsformen, durch die der Erzieher beitragen kann, daß solche wunsch- und erlebnisverarbeitenden Prozesse stattfinden und zu Ende gebracht werden. Die Möglichkeit eines *falschen Selbst* (man kann dieser Begriffsbildung skeptisch gegenüberstehen, ohne die damit bezeichnete innere Spaltung in Abrede zu stellen) hat darauf aufmerksam gemacht, daß ein überwiegendes förder- und zielgerichtetes Entertainer-Verständnis des Pädagogen jenen Prozessen des abgeschlossenen Erlebens im Wege steht.

9. Schluß

Die eingangs erwähnte Metapher vom Finden eines eigenen Raumes enthielt zwei Dimensionen: das Zuhausesein und das Verändern, Variieren. Die Entwicklung eines Impulses aus eigenem Wollen (und nicht nur die Entfaltung von Aktivität), das Gefühl des Gehaltenwerdens und des Haltens, die Erfahrung von Zurückhaltung im Gegensatz zu Übergriffigkeit, die Entwicklung eines Übergangsbereichs und die Verknüpfung all dieser Elemente zu abgeschlossenen Prozessen - diese Entwicklungslinie ist es, die die beiden Dimensionen miteinander verbindet.[1] Sie wird gleichsam als Prototyp einer Beziehung zur Welt am Anfang der kindlichen Entwicklung erfahren, natürlich in ihren individuellen und situativen Abwandlungen, subjektiven Stärken und Schwächen, Möglichkeiten und Grenzen. Damit ist das Grundmuster für alle späteren Beziehungen zur Mit- und Umwelt des Kindes gegeben, welches durch die folgenden Erfahrungen bestätigt, korrigiert oder variiert wird. Man kann dies als den Kern einer psychoanalytisch inspirierten Bildungstheorie - und zwar in ihren sozialen, gegenstandsbezogenen wie in ihren geistigen Aspekten - ansehen.

Fragt man abschließend, was die Psychoanalyse dem handelnden Pädagogen zur Verfügung stellt, so kann man nun nach Winnicott antworten: nicht mehr nur ein vertieftes Verstehen der kindlichen Psyche, nicht mehr nur spezifische Settings für die Schwierigkeiten der Erziehung (sei es auf seiten des Kindes oder des Erziehers), sondern auch eine subtile Beschreibung nicht-intentionaler Prozesse der Förderung individueller Entwicklung. Diese enthält den Kern einer psychoanalytischen Bildungstheorie. Mit Winnicott ist eine Wende der psychoanalytischen Pädagogik von sozialerzieherischen Aspekten zu einer am kindlichen Erleben orientierten Theorie der Bildung möglich geworden.[2] Durch seine Erläuterungen zeigt sich aber auch eine allgemeine Aufgabe der Erziehung konkreter und lebendiger, die Flitner (1982) im Anschluß an Schleiermacher als eine der drei unerläßlichen Aufgaben der Erziehung erläutert hat: Erziehen als Unterstützen kindlicher Eigentätigkeit und Eigenart.

Literatur

Ciompi, L.: Affektlogik. Stuttgart 1982.

Davis, M./Wallbridge, D.: Eine Einführung in das Werk von D. W. Winnicott. Stuttgart 1983.

Dockar-Drysdale, B.: The Provision of Primary Experience. Winnicottian Work with Children and Adolescents. London 1990.

Dornes, M.: Der kompetente Säugling. Die präverbale Entwicklung des Menschen. Frankfurt/M. 1992.

---

[1] Sie ließe sich z. B. um das erweitern, was von Lacanscher Seite aus zum Sprechen und zur Sprache gesagt wird.

[2] Vgl. Schäfer 1992, darin insbes. die Beiträge „Koordinaten für einen Ausgangspunkt" und „Von der Hinterwelt zur Zwischenwelt".

Flitner, A.: Konrad, sprach die Frau Mama. Über Erziehung und Nichterziehung. Berlin 1982.

Hamann, P.: Kinderanalyse. Zur Theorie und Technik. Frankfurt/M. 1993.

Khan, M. Masud: Das Werk von D. W. Winnicott. In: Kindlers „Psychologie des 20. Jahrhunderts", Tiefenpsychologie, Bd. 3. Hrsg. Eicke, D. Weinheim/Basel 1982, S. 219-253.

Köhler, L.: Von der Biologie zur Phantasie. Forschungsbeiträge zum Verständnis der frühkindlichen Entwicklung aus den USA. In: Stork 1986, S. 73-92.

Lichtenberg, J. D.: Psychoanalysis and Infant Research. Hillsdale/London 1983.

Mannoni, M.: Das zurückgebliebene Kind und seine Mutter. Freiburg 1972.

Mannoni, M.: „Scheißerziehung". Von der Antipsychiatrie zur Antipädagogik. Frankfurt/M. 1976.

Neubaur, C.: Übergänge. Spiel und Realität in der Psychoanalyse Donald W. Winnicotts. Frankfurt/M. 1987.

Papousek, H./Papousek, M./Giese, R.: Neue wissenschaftliche Ansätze zum Verständnis der Mutter-Kind-Beziehung. In: Stork 1986, S. 53-72.

Phillips, A.: Winnicott. London 1988.

Schäfer, G. E. (Hrsg.): Riß im Subjekt. Pädagogisch-Psychoanalytische Beiträge zum Bildungsgeschehen. Würzburg 1992.

Schäfer, G. E.: Spiel - Spielraum und Verständigung. Weinheim/München 1986.

Schäfer, G. E.: Spielphantasie und Spielumwelt. Spielen, Bilden und Gestalten als Prozesse zwischen Innen und Außen. Weinheim/München 1989.

Schäfer, G. E.: Zwischen Phantasie und Wirklichkeit. Über Erziehung und Bildung in der Kindheit. Weinheim/München 1994.

Stern, D. N.: The Interpersonal World of the Infant. New York 1985.

Stork, J. (Hrsg.): Zur Psychologie und Psychopathologie des Säuglings. Neue Ergebnisse in der psychoanalytischen Reflexion. Stuttgart-Bad Cannstatt 1986.

Stork, J.: Die Ergebnisse der Verhaltensforschung im psychoanalytischen Verständnis. In: Stork 1986, S. 9-62.

Winnicott, C.: Donald W. Winnicott: A Reflection. In: Grolnick/Barkin (Hrsg.): Between Reality and Phantasy. New York/London 1978.

Winnicott, D. W. : Haß in der Gegenübertragung (1947). In: Winnicott 1976, S. 75-88.

Winnicott, D. W.: Die Beobachtung von Säuglingen in einer vorgegebenen Situation (1941). In: Winnicott 1976, S. 31-56.

Winnicott, D. W.: Die primitive Gefühlsentwicklung (1945). In: Winnicott 1976, S. 57-74.

Winnicott, D. W.: Die Theorie von der Beziehung zwischen Mutter und Kind (1960). In: Winnicott 1974, S. 47-71.

Winnicott, D. W.: Vom Spiel zur Kreativität. Stuttgart 1973a.

Winnicott, D. W.: Die therapeutische Arbeit mit Kindern. München 1973 b.

Winnicott, D. W.: Reifungsprozesse und fördernde Umwelt. München 1974.

Winnicott, D. W.: Von der Kinderheilkunde zur Psychoanalyse. München 1976.

Winson, J.: Auf dem Boden der Träume. Die Biologie des Unbewußten. Weinheim/Basel 1986.

Reinhard Fatke

FRITZ REDL

(1902-1988)

Mit einigen der psychoanalytischen Pädagogen, von denen in diesem Band die Rede ist, war Fritz Redl, auf je verschiedene Weise, verbunden: Die größte Nähe und unmittelbarste Verbundenheit, die Redls ersten Lebensabschnitt bis zu seiner Emigration in die USA bestimmte, war ohne Zweifel mit August Aichhorn gegeben, dem ältesten der in diesem Band vertretenen Pioniere Psychoanalytischer Pädagogik. Redl war bei Aichhorn in Supervision und arbeitete lange Zeit mit ihm zusammen, insbesondere beim Aufbau und der Leitung der Erziehungsberatungsstellen des Wiener Volksbildungsreferats, bevor Redl 1936 Österreich verließ.

Während seines Wirkens in den USA gab es eine ähnliche, allerdings stärker inhaltliche als persönliche, Verbundenheit mit dem jüngsten der in diesem Band behandelten psychoanalytischen Pädagogen, mit Bruno Bettelheim. Beide schufen weltweit beachtete Modelleinrichtungen einer psychotherapeutisch orientierten Erziehung und entwickelten - dabei auch in engem Gedankenaustausch stehend - innovative theoretische und praktische Konzepte für ein vertieftes Verständnis von schwer verhaltensauffälligen Kindern und für einen angemessenen erzieherischen Umgang mit ihnen.

Bernfeld, den um zehn Jahre Älteren, kannte Redl nur flüchtig aus den Jahren zwischen 1932, als Bernfeld aus Berlin nach Wien zurückkehrte, und 1934, als dieser vor den Faschisten floh. Auch in den USA blieben sie einander fremd, zumal Bernfeld nicht pädagogisch-praktisch tätig war und sich wissenschaftlich mit als eher abseitig empfundenen psychophysiologischen Untersuchungen und Messungen der Libido beschäftigte.

Mit Heinrich Meng und Hans Zulliger - der eine großenteils, der andere ausschließlich in der Schweiz tätig - gab es zwar keine persönliche Bekanntschaft, aber mit Meng teilte Redl das Bemühen, das auch ihn sein Leben lang begleitet hat: psychoanalytische Einsichten so konkret und praxisnah zu formulieren, daß sie auch einem Laienpublikum, vor allem Erziehern und Lehrern, verständlich werden. Mit Zulliger verbindet ihn, daß er, auch nachdem er sich zum Psychoanalytiker hatte ausbilden lassen, nicht nur im Grunde seines Wesens, sondern auch in seinem beruflichen Selbstverständnis stets

Pädagoge geblieben ist. Er hat also nicht - wie viele andere Pädagogen, die eine zusätzliche psychoanalytische Ausbildung hatten, insbesondere diejenigen, die nach England und in die USA zu emigrieren gezwungen waren - das pädagogische Feld verlassen zugunsten einer (im übrigen weitaus lukrativeren und prestigeträchtigeren) psychoanalytisch-therapeutischen Privatpraxis; sondern wie Zulliger zeit seines Lebens Primarschullehrer geblieben ist, so ist auch Redl Erzieher und (Sozial-)Pädagoge geblieben. Selbst als Universitätsprofessor hat er stets die Verbindung zur Praxis gehalten.

Lediglich mit Donald W. Winnicott scheint er kaum etwas gemein zu haben. Vielleicht ließe sich theoretisch die eine oder andere Ähnlichkeit oder gar Übereinstimmung entdecken; im ganzen aber wird man wohl daran festhalten müssen, daß Redl in seiner ganzen kinderpsychologischen und auch pädagogisch-therapeutischen Ausrichtung eher Anna Freud gefolgt ist, während Winnicott ja bekanntlich aus der Schule von Melanie Klein, Anna Freuds großer Antipodin, stammt.

Im folgenden wird zunächst ein knapper Abriß über Redls ersten Lebensabschnitt, die Wiener Jahre, gegeben, die - im zweiten Kapitel - unter das systematische Thema „Pädagogik und Psychoanalyse - die Überwindung eines Gegensatzes" gestellt werden. Anschließend wird Redls Biographie mit dem Abriß seiner in den USA zugebrachten Jahre vervollständigt; diese Zeit trägt den systematischen Akzent „psychoanalytische Ich-Psychologie".

1. Die Wiener Jahre

Fritz Redl wurde 1902 als Sohn eines Bahnhofsvorstehers in der Steiermark geboren.[1] Nachdem er, als er zwei Jahre alt war, seine Mutter durch einen Brand des Wohnhauses verlor, verbrachte er die weiteren Lebensjahre zeitweise bei einem Lehrer, der ihn in Pension genommen hatte. Dieser machte ihn mit der Jugendbewegung bekannt und bahnte auch seinen späteren Weg in den Wandervogel.

Nach Abschluß der Schulzeit begann Redl an der Wiener Universität das Fach zu studieren, dem schon in seiner Jugend sein starkes Interesse galt: Philosophie. Gleich im ersten Semester geriet er in den engeren Kreis des Neukantianers Robert Reininger. Die Schriften von Kant, Nietzsche und Schopenhauer beeinflußten ihn besonders. Sein schon damals bestehendes Interesse für die Psychologie führte ihn in die Vorlesungen von Karl Bühler

---

[1] Das Folgende entlang der ausführlicheren Darstellung bei R. Fatke: Einleitung zu F. Redl: Erziehung schwieriger Kinder. Beiträge zu einer psychotherapeutisch orientierten Pädagogik. Neuausgabe München 1987, S. 11-23.

und Charlotte Bühler. Außerdem studierte Redl Germanistik und Anglistik, um später als Gymnasiallehrer ein Auskommen zu haben und dabei seinen philosophischen Interessen weiterhin nachgehen zu können. Im Jahre 1925 schloß er sein Studium mit einer Dissertation über „Die erkenntnistheoretischen Grundlagen in der Ethik Kants" ab. Zweifelsohne hat er in der Beschäftigung mit der idealistischen Philosophie seine Vorliebe wie auch seine Könnerschaft für das Systematisieren und Kategorisieren erworben, die alle seine späteren Veröffentlichungen zur Pädagogik und Psychologie durchziehen.

Da er als Philosoph keine Einkommensquelle hatte, absolvierte er 1926 zusätzlich das Examen für das höhere Lehramt und trat in den Schuldienst ein. Recht rasch schrieb er je ein Lehrbuch für Philosophie und Psychologie zur Verwendung im Schulunterricht. Im übrigen interessierten ihn von Anfang an die erzieherischen Fragen in der Schule weitaus mehr als die didaktischen. Dabei versuchte er immer wieder, Erfahrungen aus seiner Wandervogelzeit in die Situation des Klassenzimmers zu übertragen. So bemühte er sich beispielsweise, seine Schüler nicht als eine Klasse im herkömmlichen Sinn zu führen, sondern eher als eine Jugendgruppe. Dazu erhielt er eine besondere Gelegenheit, als ihm in einer Art Experiment die Führung einer Schulklasse vom ersten Gymnasialjahr bis zur Reifeprüfung übertragen wurde. In diesem Rahmen konzipierte er auch das Modell einer „Erziehungsberatung in der eigenen Klasse" (Redl 1931) wie auch das Modell einer „Erziehungsgemeinschaft" (Redl 1929), an der Lehrer, Eltern und Schüler beteiligt waren. Dieses starke pädagogische Interesse führte ihn zwangsläufig zu Fragen der - damals so genannten - „neuen Psychologie", und zwar zunächst zur Individualpsychologie Alfred Adlers, die zu jener Zeit in Wiener Lehrerkreisen am weitesten verbreitet war. Nachdem er aber rasch deren theoretische Einschichtigkeit und deren mangelnde praktische Ergiebigkeit für seine pädagogischen Fragen erkannt hatte, wandte er sich der Psychoanalyse Sigmund Freuds zu. Damit verband sich die Hoffnung auf Aufklärung brennender Praxisprobleme und auf Hilfe zur Lösung dieser Probleme.

Im Jahre 1928 trat er in das Wiener Psychoanalytische Institut ein und absolvierte dort eine Lehranalyse bei Richard Sterba und Jeanne Lampl de Groot. Er hatte Kontrollanalysen bei Heinz Hartmann, Hermann Nunberg, Editha Sterba und Marianne Kris. Supervisionen absolvierte er bei August Aichhorn, Anna Freud und Wilhelm Hoffer.

1930 arbeitete er als Schulpsychologe in einem Landerziehungsheim, welches wegen seiner reformpädagogischen Orientierung seinem eigenen jugendbewegten biographischen Hintergrund sehr nahe war.

In den Jahren 1934 bis 1936 errichtete er gemeinsam mit August Aichhorn ein Netz von Erziehungsberatungsstellen des Wiener Volksbildungsreferats, in denen zum ersten Mal in größerem Stil eine psychoanalytisch fundierte Erziehungsberatung praktiziert und öffentlich angeboten wurde.

In den Wiener Jahren, zwischen 1928 und 1936, veröffentlichte Redl mehrere Aufsätze in der „Zeitschrift für Psychoanalytische Pädagogik", in denen hauptsächlich ganz normale Probleme des pädagogischen Alltags in der Schule behandelt wurden: Lernstörungen, Prüfungsangst, Strafen, gruppenpsychologische Vorgänge in der Schulklasse u. ä. Hauptgegenstand von Redls Interesse waren stets weniger die Fehlentwicklungen und Krankheiten des Seelenlebens, sondern vielmehr die Probleme, die selbst bei normaler seelischer Entwicklung jeweils im pädagogischen Zusammenhang auftreten. So ist denn auch eine ständig wiederkehrende Frage, die Redl seit jener Zeit in seinen Publikationen erörtert, die nach der Unterscheidung zwischen eindeutiger Pathologie einerseits und normalen Entwicklungsproblemen im Verhalten von Kindern und Jugendlichen andererseits. Dabei stellt Redl, stets aus der Sicht des praktizierenden Lehrers und Erziehers, jeweils konkrete Anfragen an die Psychoanalyse, um von ihr Aufklärung über die pädagogische Problematik und natürlich auch eine Hilfestellung zu erhalten.[1]

Dies zu unterstreichen ist durchaus wichtig: Redl hat also *nicht*, wie viele andere damals und heute, von der Psychoanalyse her gefragt, was diese für die Pädagogik leiste, sondern umgekehrt von der Pädagogik her gefragt, was die Psychoanalyse zu bieten habe.

In diesem Sinne ist auch Redls kritische Bemerkung über die „Krümel vom Tisch der Reichen" zu verstehen: Für die Pädagogen gilt es nämlich, sich nicht lediglich von den „abfallenden Krümeln vom Tisch der Psychoanalytiker zu nähren" (Redl 1964; vgl. auch Fatke 1985), sondern aus der Besonderheit der erzieherischen Aufgabe heraus gezielte Fragen an die Psychoanalyse zu richten. In solchen Fragen wird dann zuweilen auch deutlich, daß Analytiker die spezifischen Erziehungsprobleme gar nicht recht erkennen: „So interessant und fesselnd alles ist, was uns die Psychologen zu sagen haben - irgendwie können wir uns des Eindrucks nicht erwehren, daß einiges in ihren Fragestellungen gar nicht enthalten ist, was für uns doch das tägliche Brot bedeutet" (Redl 1935, S. 230).

Und zu der psychologischen Literatur über das Thema „Strafen", die zu jener Zeit vorlag, bemerkt Redl (op. cit., S. 221): „Dem Erziehungspraktiker, besonders dem Lehrer etwa, ist es nicht zu verdenken, wenn er die Strafliteratur ein wenig enttäuscht und verbittert aus der Hand legt. Denn die bestfundierten theoretischen Untersuchungen, die vollständigsten Beispielsammlungen

---

[1] Die Aufsätze, die Redl in den Wiener Jahren veröffentlichte, sind 1978 unter dem Titel „Erziehungsprobleme - Erziehungsberatung" im Piper Verlag in München neu herausgegeben worden.

von bösem Strafmißbrauch bieten ihm nicht das, was er so notwendig braucht, nämlich Kriterien, deren Anwendung auf seine eigene Erfahrung ihm neue Gesichtspunkte zur besseren Bewältigung seiner schwierigen Aufgabe liefern könnte."

2. Psychoanalyse und Pädagogik – die Überwindung eines Gegensatzes

So einfach, wie es klingt, wenn gesagt wird, die Pädagogik habe von ihrer besonderen Aufgabe und ihrer spezifischen Situation her Anfragen an die Psychoanalyse zu richten, ist es aber nicht. Wie Pädagogik und Psychoanalyse zwei völlig verschiedene Disziplinen mit je eigenen Fragestellungen und Erkenntnisinteressen, Selbstverständnissen und systematischen Ordnungen, Methoden und Praxen sind, so scheinen auch Erziehung und „analytische Beeinflussung" wenig Gemeinsames zu haben. Redl hat - soweit ich sehe, als einziger aus dem großen Kreis der damaligen psychoanalytischen Pädagogen - metatheoretische Gedanken zu dieser Frage vorgetragen, die versuchen, das besondere Spannungsverhältnis der beiden Praxisbereiche wie gleichzeitig auch der beiden Disziplinen zueinander zu formulieren und dennoch eine Konzeption zu entwickeln, die beides zusammenbringt (Redl 1932).

Wenn ein Erzieher einem Kinde wirksam helfen möchte, dann, so heißt es in diesem Aufsatz, muß er zwangsläufig den Bereich der Erziehung „im gewöhnlichen Sinne des Wortes" verlassen und „tiefer dringen". „Zur Erziehung bedarf es einer festen Bindung an die erziehende Person und bestimmter Methoden, diese Bindung unmittelbar zur Triebeinschränkung auszunutzen. Was aber hier geschieht, verlangt eine andere Verwendung der bestehenden affektiven Bindungen, nämlich nicht zur Triebeinschränkung oder Triebbefreiung, sondern zum Bewußtmachen von Triebregungen und zum Erfassen des Unbewußten überhaupt. Dazu ist vor allem der Verzicht auf jedes autoritative Verhalten nötig. Was wir brauchen und herstellen, ist ein Stück ‚analytischer Situation', wenigstens als Ausgangspunkt unserer Arbeit. Das erfordert aber gerade die entgegengesetzten Bedingungen wie das Sichern eines handfesten erzieherischen Einflusses. Andrerseits handelt es sich aber auch nicht um ausgesprochene *Analyse*, denn zu einer solchen ist weder Zeit noch Möglichkeit gegeben, wenngleich ihre Anwendung oft angezeigt ist. [...] Was wir meinen, liegt also theoretisch zwischen dem üblichen ‚Erziehungskontakt' und der ‚analytischen Situation'." (op. cit., S. 94 f.)

Der Spannung in der Praxis entspricht ein Widerspruch auf der metatheoretischen Ebene: „Ich werde mich bei der Behandlung des schlimmen Kindes bestimmt anders verhalten, wenn ich einen analytischen Einblick in die Wurzeln seiner Schlimmheit gewonnen habe. Ich werde in der Wahl meiner Erziehungsmittel klüger sein. Das *Ziel* meiner Tätigkeit, die Beseitigung seiner Schlimmheit und die reibungslose Einordnung des Kindes in seine Umgebung, ändert sich darum nicht, wohl aber der *Weg* zu diesem Ziel. Die Analyse desselben Kindes aber müßte gegebenenfalls wenigstens eine Zeitlang auf diese Absicht einer Einordnung verzichten, um die unbewußten Widerstände, die sich ihr in den Weg stellen, greifbar werden zu lassen, nicht Setzung, sondern *Aufhebung* von Hemmungen. Nicht Triebeinschränkung, sondern Bewußtmachen unbewußter Triebenergien wäre ihr Mittel. Insofern kann es eine analytische Erziehung tatsächlich nicht geben, ja, ein solcher Begriff schiene geradezu eine *contradictio in adjecto* zu enthalten." (op. cit., S. 97; Hervorhebungen im Original)

Redl führt dann diese „Unvereinbarkeit" weiter, indem er als Ziel der Erziehung Triebverzicht und Realitätsanpassung bestimmt und dagegen als Ziel der „analytischen Beeinflussung" Aufhebung von Triebeinschränkungen und Bewußtmachen von Triebregungen generell formuliert. „Unter diesem Gesichtspunkt ist nun freilich *Analyse* der schärfste Gegensatz zu *Erziehung* jeder Art" (op. cit. S. 98 f.).

Die Lösung, die Redl anschließend vorschlägt, mag uns heute wenig originell erscheinen und ist, wissenschaftstheoretisch gesehen, letztlich wohl auch zu einfach; aber andererseits kann nicht hoch genug eingeschätzt werden, was es zur damaligen Zeit bedeutet hat, einen so ernsthaften Versuch zu unternehmen, in der Praxis wie auch in der Theorie Pädagogik und Psychoanalyse mit Hilfe solcher metatheoretischen Überlegungen zusammenzubringen. Redls Lösung lautet ganz einfach, daß das übergeordnete Erziehungsziel zwar bestehen bleibe, daß aber der Weg zu diesem Ziel sich „analytischer Mittel" bedienen könne und dabei gleichzeitig das Ziel zeitweise außer Kraft setze, aber niemals aus dem Auge verlieren dürfe. „*Zweck* des Erziehens bleibt auf alle Fälle die Herstellung eines Zustandes einer gewissen Triebunterdrücktheit und Sublimiertheit, wie sie eben Gesellschaft und Kultur fordern. Daß sich aber auch die einzelnen Erziehungshandlungen immer nur der Triebunterdrückung als Erziehungs*mittel* bedienen müssen, ist damit noch keineswegs gesagt. Ist zum Beispiel einmal ein Zuviel solcher Triebunterdrückung erfolgt, oder hat sie falsche Bahnen eingeschlagen, dann wird es eben notwendig, dieses ‚Zuviel' oder ‚Falsch' wieder aufzuheben. Was so auf einem Wegstück *Aufhebung* ist, ordnet sich doch dem *Endzweck* als Mittel unter. [...] So löst sich unsere Schwierigkeit dahin auf, daß Analyse und Erziehung zwar Widersprüche zueinander darstellen, sofern wir ihre *Ziele* im Auge haben. Analytisches Verfahren und Erziehung werden aber in dem Augenblicke verträglich, wo wir das eine als Mittel dem anderen als Zweck unterordnen, so wie das *Adjektivum* dem *Substantivum* ‚analytische Erziehung'." (op. cit., S. 100; Hervorhebungen im Original)

Festzuhalten bleibt aus diesen Überlegungen - und damit zugleich als Resümee aus dem ersten Abschnitt von Redls Leben und Wirken - folgendes:

1. Redl hat für die Psychoanalytische Pädagogik die in der Pädagogik durchaus geläufige Debatte um die Zweck-Mittel-Relation (bzw. Ziel-Weg-Relation) metatheoretisch aufgegriffen und weitergeführt, wobei er die Psychoanalyse eindeutig der Pädagogik unterordnete, ihr aber gerade dadurch einen festen Platz in einer neuen Erziehungstheorie sicherte. (Nebenbei sei bemerkt, daß das Spannungsverhältnis zwischen Erziehung und Analyse im Rahmen der Schule gewiß prekärer ist als in sozialpädagogischen Institutionen.)

2. Die Priorität, die Redl dem Pädagogischen einräumte, war sowohl für die damalige Diskussion im Kreis der Psychoanalytischen Pädagogik wichtig (zumal es ja viele entgegengesetzte Stimmen gab; allerdings stammten diese eher von Psychoanalytikern, die sich sozusagen von außen in die Pädagogik „einmischten"). Aber auch in der heutigen Diskussion sind die Redlschen Überlegungen erstaunlich aktuell, denn auch heute geht es - nicht nur bei der Klärung des Verhältnisses der Pädagogik zur Psychoanalyse, sondern auch ihre Beziehung zu vielen anderen Nachbardisziplinen - genau darum, das Besondere des Pädagogischen zu formulieren und das Verhältnis zu den Fragestellungen, Methoden und Forschungsbefunden der anderen Disziplinen zu klären (siehe auch Figdor 1989).

3. Ganz entschieden trat Redl dafür ein, die Aufgabe des Erziehens und Unterrichtens einerseits und des Beratens (auf psychoanalytischer Grundlage) andererseits in einer Hand vereint zu lassen. Er erkannte früh die Gefahr, die daraus erwächst, daß Kinder aus den pädagogischen Zusammenhängen heraus, in denen die Probleme entstehen oder sich zumindest manifestieren, in beratende oder therapeutische Zusammenhänge zur Bearbeitung eben dieser Probleme verwiesen werden. Es dürfe eben nicht, wie Redl sagte, zu den bestehenden Erziehungsinstitutionen (vor allem der Schule) „ein Spital dazugebaut werden", Kinder dürfen nicht in außerschulische Beratungsinstitutionen „abgeschoben" werden, sondern statt dessen müssen Lehrer in der Schule (wie auch Erzieherinnen im Kindergarten und Erzieher im Heim usw.) dazu befähigt werden, die als Einheit zu begreifende Aufgabe von Erziehung und Beratung ungeteilt auszuführen.

4. Für Redl als Pädagogen blieb die Realität und die von den Kindern zu fordernde bzw. ihnen zu ermöglichende Orientierung an der Realität der

entscheidende Bezugspunkt. Gemeint ist damit nicht eine passive Anpassung an die Realität oder eine kritiklose Unterwerfung unter ihre Forderungen, sondern vielmehr ist das ganz im Sinne dessen zu verstehen, was S. Freud bereits über das Verhältnis von Lustprinzip und Realitätsprinzip in diesem Zusammenhang formuliert hat: „In Wirklichkeit bedeutet die Ersetzung des Lustprinzips durch das Realitätsprinzip keine Absetzung des Lustprinzips, sondern nur eine Sicherung desselben. Eine momentane, in ihren Folgen unsichere Lust wird aufgegeben, aber nur darum, um auf dem neuen Wege eine später kommende, gesicherte zu gewinnen" (S. Freud 1911, S. 235f.). Und der Erziehung weist Freud in diesem Zusammenhang folgende Aufgabe zu: „Die Erziehung kann ohne weitere Bedenken als Anregung zur Überwindung des Lustprinzips, zur Ersetzung desselben durch das Realitätsprinzip beschrieben werden; sie will also jenem das Ich betreffenden Entwicklungsprozeß eine Nachhilfe bieten [...]" (op. cit., S. 236).

5. Mit dieser Orientierung konzentrierte sich Redls Theorie einer Psychoanalytischen Pädagogik auf diejenigen Funktionen des psychischen Apparates, die den Bezug zur Realität sichern, das heißt auf die Ich-Funktionen. Damit ist der Ausgangspunkt für die zweite große Leistung bezeichnet, die sich in Redls Leben und Werk findet, nämlich die Ausdifferenzierung einer psychoanalytischen Ich-Psychologie.

3. Die amerikanischen Jahre

Der gewaltsame Anschluß Österreichs an das nationalsozialistische Dritte Reich machte den vielen hoffnungsvollen Versuchen einer psychoanalytisch begründeten Erziehungspraxis ein Ende. Schon im Mai 1933 hatten die Nationalsozialisten in Berlin „die Schriften der Schule Sigmund Freud" mit der Parole verbrannt: „Gegen seelenzersetzende Überschätzung des Trieblebens, für den Adel der menschlichen Seele!" Diese Verfemung bedeutete für die Psychoanalytiker nicht nur eine Beeinträchtigung ihrer Berufsausübung, sondern häufig genug auch Gefahr für Leib und Leben, zumal wenn sie, wie in vielen Fällen, Juden und dazu noch Sozialisten waren.

Redl, obwohl nicht Jude, sah die drohenden politischen Schatten schon früh heraufziehen und ging 1936, also zwei Jahre vor dem „Anschluß" Österreichs an das nationalsozialistische Deutschland, in die USA (s. hierzu auch das Interview mit Redl in Gottesfeld/Pharis 1977, S. 75-93). Er folgte einer Einladung des bekannten Jugendforschers und Sozialisationstheoretikers Robert Havighurst, an einem groß angelegten Forschungsprojekt der Rockefeller Foundation über „normal adolescence" mitzuarbeiten. Nach Abschluß des

Projekts arbeitete Redl an einem renommierten Internat im Staat Michigan, der Cranbook School, wo er einen schulpsychologischen Beratungsdienst aufbaute. Zugleich nahm er einen Lehrauftrag an der University of Michigan in Ann Arbor wahr.

An dem vornehmen Internat hielt es ihn jedoch nicht lange, denn er wollte lieber mit sozial auffälligen und emotional gestörten Kindern zu tun haben. Diese fand er in einer Erziehungsanstalt für straffällig gewordene Jugendliche, in der er zu arbeiten begann, und in dem Fresh Air Camp, einem Sommerlager für erholungsbedürftige Kinder aus großstädtischen Elendsquartieren, das der University of Michigan angeschlossen war. - Längst schon hatte sich Redl entschlossen, nicht mehr in das mittlerweile nationalsozialistisch gewordene Österreich zurückzukehren und statt dessen in den USA als Emigrant zu leben.

1941 wurde Redl als Professor für Sozialarbeit an die Wayne University in Detroit berufen und baute auch hier eine Einrichtung auf, die im Rahmen einer sozialpädagogischen Arbeit mit Hilfe integrierter gruppentherapeutischer Verfahren verhaltensgestörten Kindern helfen sollte. Dieses *Detroit Group Project* leistete zugleich den sozialfürsorgerischen Einrichtungen der Stadt Unterstützung und Beratungshilfe. In diesem Zusammenhang organisierte Redl ebenfalls ein Sommerlager, das *Camp Chief Noonday*, weil es ihm unsinnig erschien, die schwierigen Kinder über die dreimonatige Sommerpause hinweg sich selbst zu überlassen.

Zugleich beschäftigte ihn der Wunsch, für schwer gestörte Kinder noch mehr zu tun, ihnen wirksamer zu helfen und zudem mehr über ihre Störungen, Verhaltensmechanismen, Einstellungen usw. zu erfahren, indem man sie in einer therapeutisch strukturierten Einrichtung rund um die Uhr intensiv betreut und beobachtet. Ein solches Konzept konnte er 1944 mit der Gründung des *Pioneer House*, eines kleinen Erziehungsheims mitten in einem Elendsviertel von Detroit, verwirklichen. Finanziell unterstützt wurde das Heim von der *Junior League of Detroit*, einer Wohlfahrtsorganisation, die aber bald darauf kein Geld mehr zur Verfügung stellen konnte. Und als auch keine andere Stelle und keine Behörde einspringen mochten, mußte dieses so bedeutende Experiment knapp zwei Jahre später wieder eingestellt werden.

In dieser kurzen Zeit wurde eine kleine Zahl von schwer gestörten, hyperaggressiven Jungen aus der Unterschicht mit delinquenten Verhaltensmustern - Kindern, die aus anderen Erziehungseinrichtungen herausgefallen waren und die, wie Redl sie nannte, „niemand mehr wollte" - von insgesamt zehn Erwachsenen betreut. Die Erfahrungen aus dem erzieherischen und therapeutischen Umgang mit diesen „Kindern, die hassen" schlugen sich in zahlreichen Aufsätzen und in zwei Büchern nieder, die auf dem Gebiet der Heimerziehung und darüber hinaus auch in allen anderen Bereichen der pädagogischen

Arbeit mit emotional gestörten und sozial auffälligen Kindern neue Maßstäbe gesetzt haben (Redl/Wineman 1951, 1952; ferner Redl/Wattenberg 1959; Redl 1966).

1953 erhielt Redl vom *National Institute for Mental Health* der Vereinigten Staaten das Angebot, in Bethesda bei Washington in einem großen psychiatrischen Krankenhaus, das vor allem auch Forschungszwecken diente, eine Kinderstation aufzubauen und zu leiten. Hier bot sich ihm die Möglichkeit, bei großzügiger finanzieller Ausstattung ein Modell zu entwickeln, das sowohl Therapie (Gruppen- und Milieutherapie, ergänzt durch Einzeltherapie) als auch Erziehung und Unterricht (in einer eigenen Schule) zu einer Einheit integrierte. Dieses Konzept machte es außerdem möglich, psychiatrisch schwerer gestörte, präpsychotische Kinder aufzunehmen. Sie waren zwischen acht und zehn Jahre alt, normal intelligent, ohne nachweisbare physische Schäden. Ihr Verhalten zeichnete sich durch einen extrem hohen Grad von Aggressivität und Zerstörungswut aus; darüber hinaus waren sie mit erheblichen Lernstörungen belastet. Hier arbeitete Redl vor allem die Konzepte des „therapeutischen Milieus", des „Lifespace Interview" (eines situationsbezogenen therapeutischen Krisengesprächs, das im aktuellen Lebenskontext des Kindes stattfindet) und der „gruppenpsychologischen Ansteckung" weiter aus (siehe dazu Redl 1966).

Da die Leitung einer staatlichen Krankenhausabteilung eine große Last an Verwaltungsaufgaben, an bürokratischer Kleinarbeit und an Anstrengungen im Verhandeln mit Behörden mit sich brachte, fand Redl bald nicht mehr genügend Zeit für seine eigentlichen therapeutischen und pädagogischen sowie seine forscherischen Interessen. Nach mancherlei Schwierigkeiten mit den vorgesetzten Stellen verließ er Bethesda im Jahre 1959 und kehrte an die Wayne State University nach Detroit zurück, wo er bis zu seiner Emeritierung im Jahre 1973 als *Distinguished Professor of the Behavioral Sciences* lehrte. Daneben übernahm er zahlreiche Konsultationsaufgaben in verschiedenen Heimen, Kliniken und anderen psychosozialen Einrichtungen.

In Anerkennung seiner Verdienste erhielt er zahlreiche akademische Auszeichnungen und öffentliche Ehrungen, unter anderem ein Stipendium für das kalifornische *Center for Advanced Study in the Behavioral Sciences*, den *Martin Luther King Jr. Memorial Award* und die *White House Citation* für seine „Verdienste um die psychosoziale Gesundheit der Kinder der Vereinigten Staaten". Das Wheelock College in Boston und die Universität Tübingen verliehen ihm die Würde eines Ehrendoktors. Verschiedene Schulen und Heime für verhaltensgestörte Kinder wurden nach ihm benannt.

Auch nach seiner Emeritierung, als er in einen kleinen Ort in Massachusetts gezogen war, blieb er aktiv wie zuvor, bis ein Schlaganfall Anfang der 80er Jahre seine Schaffenskraft reduzierte. 1988 starb Fritz Redl.

4. Psychoanalytische Ich-Psychologie

Die konkreten Erfahrungen, klinischen Beobachtungen und pädagogisch-psychoanalytischen Untersuchungen, die Redl in den von ihm geschaffenen Einrichtungen mit und an den „Kindern, die hassen" machte, bildeten die Grundlage für die entscheidenden theoretischen Neuerungen, die er in die bis dahin gültigen psychoanalytischen Auffassungen über die Entstehungszusammenhänge von sozialer Auffälligkeit bei Kindern einbrachte und die zu einer bedeutsamen Erweiterung der von A. Freud und H. Hartmann begründeten Ich-Psychologie führten (vgl. auch Wagner-Winterhager 1987).

Ausgangspunkt ist auch für Redl das ursprünglich von S. Freud entwickelte Strukturmodell der Persönlichkeit. Dieses gliedert, vereinfacht gesagt, die psychische Struktur des Menschen in drei Ebenen, oder genauer: drei Instanzen, nämlich das Es, das Ich und das Über-Ich. Diese Instanzen regeln das menschliche Verhalten und sind somit auch für Verhaltens*störungen* verantwortlich. Das *Es* bildet das Zentrum der Triebe und Bedürfnisse, und es ist die älteste Instanz. Das Es strebt stets nach Befriedigung der Bedürfnisse und Triebe und stellt somit die wichtigste Quelle der menschlichen Vitalität dar. Es ist das triebhaft-unbewußte Element der Persönlichkeit.

Das *Über-Ich* hingegen ist die Instanz, die die Rolle des sozialen Gewissens übernimmt. Es kontrolliert und hemmt das Es in seinem Bestreben, die Triebe schrankenlos auszuleben und zu befriedigen. Das Über-Ich bildet sich in den Prozessen der Sozialisation und Erziehung, wobei von besonders prägendem Einfluß die frühkindlichen Erfahrungen des Kindes mit seinen Eltern und anderen nahen Bezugspersonen (Geschwistern, Großeltern) sind. In der Sozialisation und Erziehung werden Normen, Wertorientierungen und Verhaltensregeln erworben, d. h. erlernt und internalisiert; sie werden meistens so sehr Teil des eigenen Überzeugungssystems, daß ihr Ursprung als von außen herangetragen meist nicht mehr erkannt wird.

Das *Ich* ist eine vermittelnde Instanz, die zwischen die beiden genannten Elemente der psychischen Struktur tritt, welche sich in einem ständigen Spannungsverhältnis zueinander, zuweilen auch im Konflikt miteinander befinden. Das Ich strebt nach Lust und nach Vermeidung von Unlust. Es kann dies aber nur realisieren, indem es eine Entscheidung darüber trifft, ob überhaupt das Verlangen des Es befriedigt werden kann, d. h. ob die reale Situation das zuläßt, ob den Forderungen des Über-Ich Genüge getan wird, usw.

Redls besondere Leistung besteht nun darin, die Funktionen des Ich noch tiefer ergründet und sie theoretisch noch weiter ausdifferenziert und sie außerdem zum Zentrum seines praktisch-sozialpädagogischen Ansatzes gemacht zu haben. Damit gelangte er den entscheidenden Schritt über seinen Lehrer August Aichhorn hinaus, dessen Behandlungskonzept - eben weil bei ihm das Ich als Instanz der psychischen Persönlichkeit noch nicht die zentrale Rolle spielte - hauptsächlich darin bestand, die verwahrlosten Jugendlichen ihre Pathologie ausagieren zu lassen, ihnen mit „absoluter Milde und Güte" zu begegnen sowie die Übertragung und Gegenübertragung zu nutzen, um ein gesundes Über-Ich bei den Kindern aufzubauen: ein Über-Ich, das aufgrund der frühen Kindheitserfahrungen entweder zu schwach oder zu stark ausgeprägt war. Aichhorns Betonung lag also ganz und gar auf dem Über-Ich, während Redl die Funktionen des Ich in den Mittelpunkt stellte.

Zwar konnte Redl an die Ich-psychologischen Konzeptionen besonders von Anna Freud (1936) und Heinz Hartmann (1939) anknüpfen; aber während Hartmann vor allem theoretische Interessen verfolgte und Anna Freud vorwiegend klinisch-therapeutisch orientiert war und nach Wegen suchte, in der Einzeltherapie die „falschen" Abwehrmechanismen des Ich zu überwinden, entdeckte Redl im natürlichen (sozial-)pädagogischen Kontext Ich-Funktionen, von denen bisher kaum etwas bekannt war: Seelisch schwergestörte, hyperaggressiv-ausagierende, delinquente Kinder - von denen man vormals annahm, daß sie aufgrund einer Ich-*Schwäche* so seien, wie sie sind - erwiesen sich als mit erstaunlich starken Ich-Funktionen ausgestattete Kinder. Allerdings standen diese Ich-Funktionen „im Dienst der falschen Sache", indem sie nämlich dem delinquenten Zweck dienten; und deshalb waren diese Kinder behandlungsbedürftig.

Mit Hilfe genauer Beobachtungen in natürlichen Lebenszusammenhängen untersuchte Redl die vielfältigen Funktionen, die das Ich - als die „Forschungsabteilung der Persönlichkeit" - ausübte, und gelangte zu den folgenden Differenzierungen (s. dazu „Kinder, die hassen", S. 64-69):

Kognitive Funktion: Die kognitive Funktion ist zweigeteilt; zum einen richtet sie sich nach außen und zum anderen nach innen. Gemeint ist damit folgendes: Die *nach außen gerichtete* kognitive Funktion hat den Kontakt zur Außenwelt herzustellen, sich ein Urteil über die Beschaffenheit der Welt, d. h. der konkreten Situation, in der sich der Betroffene befindet, zu bilden und angemessene Signale zu geben, wenn sie dem Wohlbefinden Gutes verspricht oder mit Gefahr droht. Außenwelt ist in diesem Zusammenhang sowohl als physische Realität wie auch als soziale Realität zu verstehen (wobei mit sozialer Realität sowohl das konkrete Verhalten anderer Menschen als auch institutionalisierte Gebräuche, Normen, Sanktionen usw. gemeint ist). - Ebenso wichtig aber ist die kognitive Beurteilung dessen, was in uns vor sich geht (*nach innen gerichtete* kognitive Funktion). Zu diesem Innenleben gehört sowohl das Es als auch das Über-Ich. Zunächst also muß das Es eingeschätzt werden, womit gemeint ist, daß das Ich der wichtigsten Impulse, Dränge, Wünsche, Strebungen, Ängste usw. gewahr werden muß, die offensichtlich unser Verhalten motivieren, uns aber nicht notwendigerweise immer bekannt sind. Soviel wie möglich über das zu wissen, was wirklich im „Keller unseres Unbewußten", wie Redl sagt, vor sich geht, dies war schon immer eine Hauptaufgabe des Ich, wenn es gesund bleiben oder wieder gesund werden wollte. Aber auch das Über-Ich muß eingeschätzt werden. Somit gehört es auch zur Aufgabe des Ich, die Wertforderungen zu registrieren, die von innen, genauer: vom Über-Ich, kommen. Es ist Sache des Ich, zu wissen, welches Verhalten dem widersprechen würde, woran wir glauben, was das eigene Über-Ich für fair oder anständig hält oder welches Verhalten, wenn man es zuließe, die Schrecken tiefer Beschämung und nagender Schuldgefühle hervorrufen würde. - Kurz gesagt: „Erkenne dich selbst!" bedeutet nicht nur: Erkenne, was deine geheimsten Strebungen dich zu tun veranlassen würden, wenn sie die Möglichkeit dazu hätten; sondern es bedeutet auch: Erkenne, welchen Preis in Form von Schuldgefühlen du bezahlen müßtest, wenn du ihnen nachgeben würdest.

Machtfunktion: Ohne Zweifel genügt es nicht, nur zu erkennen, was in uns und um uns herum vor sich geht, sondern es kommt auch darauf an, daß das Ich die Möglichkeit besitzt, einen gewissen Druck auszuüben, um Verhaltenstendenzen gemäß dieser Erkenntnis zu beeinflussen. Wenn das Ich dazu nicht in der Lage ist, dann verrichtet es seine Arbeit nur zur Hälfte. In diesem Fall spricht man zu Recht von einer Ich-Schwäche, also wenn das Ich keinen Zugang zu einem Machtsystem hat und infolgedessen die darin enthaltenen Energien nicht benützen kann, um dem Es seine Einsicht aufzuzwingen.

Auswahlfunktion: Ohne Zweifel reicht das Begreifen der Situation (sowohl der inneren als auch der äußeren) und die Bereitschaft, unzulässige Impulse zu blockieren, allein noch nicht aus, um die Funktionen des Ich zu bestimmen, denn offensichtlich sind noch weitere Entscheidungen zu treffen. Es gibt ja gewöhnlich stets mehr als nur eine Art, auf eine (innere oder äußere) Situation zu reagieren. Auch wenn das Ich auf bereitliegende stereotype Abwehrmechanismen zurückgreift, muß es immer noch aus einer größeren Anzahl jeweils einen auswählen. Es muß also eine Verhaltensweise, die der Realitätsbewältigung dienen soll, im Hinblick auf seine Eignung zur Lösung eines gegebenen Problems geprüft werden.

Synthetische Funktion: Wenn man nach dem bisher Gesagten davon ausgehen muß, daß in der Persönlichkeit eines einzelnen Menschen mehrere Teile wirksam sind, von denen jeder einen gewissen Einfluß ausübt, dann muß irgendeine Funktion vorhanden sein, welche die Aufgabe hat, diese verschiedenen Teile zusammenzufügen und sie in einem gewissen Gleichgewicht zu halten. Diese Aufgabe wird ebenfalls vom Ich ausgeführt und deshalb „synthetische Funktion" genannt. Das Ich hat also zu entscheiden, in jeweils wie starkem Maße das konkrete Verhalten und Handeln von den Forderungen des

Triebsystems, den Forderungen der äußeren Realität und den Forderungen des eigenen Gewissens beeinflußt werden soll.

In Redls Konzeption nun sind die Kinder und Jugendlichen, die als verwahrlost, auffällig, gestört, erziehungsschwierig gelten, solche, bei denen die genannten Ich-Funktionen gestört sind - oder genauer: bei denen eine Auflösung und ein Zusammenbruch der inneren Kontrollen stattgefunden hat (so der Untertitel des Buchs „Kinder, die hassen"). Deshalb kann das Ich seine Aufgaben nicht mehr erfüllen.

Dies zeigt sich in einer Vielzahl konkreter Bereiche. Redl führt insgesamt 22 solcher Bereiche auf. An dieser Stelle seien beispielhaft nur einige der wichtigsten genannt (s. dazu „Kinder, die hassen", S. 77-144):

Frustrationstoleranz: Dies kann sich so ausdrücken, daß entweder die Kinder und Jugendlichen es überhaupt nicht zulassen, daß sie frustriert werden, sondern statt dessen auf einer „totalen Befriedigung der vollen Triebwucht" bestehen, oder daß sie, wenn sie geringfügige Frustrationen zulassen, unfähig sind, mit den Gefühlen umzugehen, die durch diese Frustrationen geweckt werden. Dies drückt sich dann aus in Panik, Angst, Zerstörungswut und Aggression.

Widerstand gegen die Versuchung: Während ein gut funktionierendes Ich eindeutige „Gefahrensignale" gibt, wenn es in Situationen hineingerät, die eine Versuchung darstellen, d. h. solche Impulse wecken, deren Befriedigung mit Gefahren oder Schuldgefühlen verbunden ist, ist der Widerstand schwer gestörter Kinder und Jugendlicher gegen Versuchungen solcher Art sehr gering; sie lassen sich durch die Konstellation der Situation, durch den Aufforderungscharakter bestimmter Dinge oder durch „ansteckendes" Verhalten anderer Personen zu delinquenten Handlungen verführen.

Widerstand gegen Erregung und gruppenpsychologischen Rausch: Manchmal entstehen in Gruppen bestimmte Bedingungen, die zu „Zuständen triebhafter Wildheit" führen. Der „Schmelzpunkt der Ich-Steuerung" unter einem solchen Einfluß ist bei stark verhaltensauffälligen Kindern und Jugendlichen extrem niedrig, so daß wenig genügt, um diese Kinder total „ausflippen" zu lassen, wie wir heute sagen würden.

Keine Panik angesichts neuer Situationen und Anforderungen: Neue Situationen und neue Anforderungen lösen selbst bei nichtgestörten Personen ein gewisses Maß an Unsicherheit aus. Ich-gestörte Kinder verfügen nicht über die Fähigkeit, solche neuen Situationen und Anforderungen mit realitätsangemessenen Mitteln zu lösen, sondern nehmen bestenfalls Zuflucht zu Blödeleien und Kaspereien, schlimmerenfalls zu Aggressionen.

Herrschaft über die Schleusen der Vergangenheit: Diese Schleusen werden geöffnet, wenn die Kinder und Jugendlichen in Situationen hineingeraten, welche Erinnerungen an frühere Lebenssituationen wecken, die mit traumatischen Erlebnissen zusammenhängen. Dann ist das Ich dem traumatischen Ansturm der Vergangenheit nicht mehr gewachsen, und seine Steuerungsfähigkeit bricht zusammen. Dies ist bei schwer auffälligen Kindern und Jugendlichen besonders häufig der Fall, wenn sie durch die Reaktion der Erwachsenen auf ihr Verhalten an frühere Lebensereignisse erinnert werden.

Erkennen jener Glieder in der Kausalkette, die man selbst beigesteuert hat: Zu den wichtigsten Fähigkeiten des Ich gehört es, konkrete Ereignisse in ihrem Zustandekommen zu erkennen und dabei nach Möglichkeit alle Faktoren zu berücksichtigen, die zu dem betreffenden Ereignis beigetragen haben. Gestört ist diese Ich-Funktion dann, wenn gerade diejenigen Anteile ausgeblendet werden, die die Person selbst zu dem Zustandekommen einer Situation oder eines Ereignisses beigesteuert hat.

Vernünftig bleiben auch angesichts unerwartet sich bietender Befriedigungsmöglichkeiten: Während es vor allem für ein gelingendes Zusammenleben im sozialen Kontext unabdingbar ist, Augenblicksbedürfnisse in bestimmten Fällen aufzuschieben, statt sie immer sofort zu befriedigen, um vor allem die Folgen des eigenen Tuns vorauszusehen, sind bei Ich-gestörten Kindern und Jugendlichen diese Funktionen stark beeinträchtigt. Sie nehmen jede sich bietende Gelegenheit wahr, um ihre Bedürfnisse zu befriedigen, und sie antizipieren eben gerade nicht die Folgen ihrer Handlungen und geraten dadurch immer wieder in Schwierigkeiten und geradezu in ausweglose Situationen.

In all diesen Bereichen (und den anderen, die hier nicht aufgeführt sind) kann, wie gesagt, das Ich der gestörten Kinder und Jugendlichen seine Aufgabe nicht erfüllen. Wohlgemerkt, es handelt sich nicht um Ich-schwache, sondern in ihren Ich-Funktionen gestörte Kinder und Jugendliche. Von Schwäche kann keineswegs die Rede sein, denn ihr Ich hat sogar große Stärken ausgebildet; nur sind diese, wie bereits erwähnt, in den Dienst der falschen Sache gestellt. Ausgerechnet dafür hat das Ich eine Fülle von geradezu faszinierenden Techniken ausgebildet. Es sind dies Techniken zur Vermeidung von Schuldgefühlen, zur Suche nach Unterstützung der Delinquenz und zur Abwehr gegen Veränderung.

Der *Vermeidung von Schuldgefühlen* dienen vor allem die folgenden psychischen Abwehrreaktionen:

- Der andere hat angefangen, also habe ich keine Schuld.
- Die anderen machen es ja genauso; also habe ich doch keine Schuld.
- Wir waren doch alle dabei; deswegen habe ich doch keine Schuld.

- Jemand anders hat vorher ja das gleiche mit mir gemacht; also bin ich im Recht.
- Er hatte es verdient; es geschieht ihm also nur recht.
- Ich mußte es einfach tun, denn sonst hätte ich mein Gesicht verloren.
- Ich habe am Ende ja sowieso nichts davon gehabt; also ist es auch nicht schlimm.
- Ich habe mich doch hinterher wieder mit ihm vertragen; also was ist denn dabei.

Wichtig für das Verständnis dieser Abwehrreaktionen ist es, daß es sich herbei nicht einfach um Ausreden handelt, die hinterher erfunden werden, sondern um tief verwurzelte Einstellungen, die in der Persönlichkeit fest verankert sind, auf einem delinquenten Norm- und Wertsystem beruhen und handlungsleitende Funktion haben.

Zur Suche nach *Unterstützung der Delinquenz* gehören vor allem die folgenden Techniken:

- Aufspüren falscher Freunde,
- Ausnützung bestimmter Stimmungslagen,
- Verführung anderer zur auslösenden Handlung,
- die Vorstellung, dem Gesetz von Ursache und Wirkung nicht zu unterliegen.

Zur *Abwehr gegen Veränderung* dienen vor allem die folgenden Techniken:

- Flucht in die „Tugend",
- Gruppenächtung derer, die sich bessern,
- Meiden von Personen, die der eigenen Delinquenz gefährlich werden können,
- Weigerung, solche Lebensbedingungen aufzugeben, die die Delinquenz fördern,
- Ersticken der Bedürfnisse nach Liebe, Abhängigkeit und Aktivität,
- Geschicklichkeit im Manipulieren von Menschen und Möglichkeiten.

Alle diese Techniken stellt das Ich in den Dienst der Aufrechterhaltung delinquenter Einstellungen und Verhaltensweisen. Im alltäglichen Umgang stellen diese Kinder und Jugendlichen die Erwachsenen vor schier unlösbar scheinende Probleme, die jedem Praktiker, der mit solchen Kindern und Jugendlichen zu tun hat, vertraut sind.

Sie weisen Angebote der Zuneigung, ja auch nur des freundlichen Umgangs schroff zurück, weil sie spüren, daß andernfalls ihre Schutzwälle in Form ihrer Abwehrmechanismen zusammenstürzen drohen. Sie sträuben sich gegen die Identifikation mit einem als verständnisvoll-zugewandt erfahrenen Erwachsenen. Wenn sie sich aber doch, zumindest ein wenig, auf die emotionalen Angebote eines Erwachsenen einlassen, dann werden sie gleich maßlos in ihrem Anspruch; sie fordern mehr an Liebe, als der Erwachsene ihnen überhaupt zu geben in der Lage ist, so daß sich Enttäuschungen und Versagungen einstellen, die im Grunde von den Kindern und Jugendlichen selbst hervorgerufen worden sind. So fühlen sie sich abermals in ihrer negativen Grundeinstellung bestätigt und reagieren darauf wiederum mit Wut und Aggression - ein wahrer Teufelskreis.

Aus den genannten vielfältigen Gründen sprechen diese Kinder und Jugendlichen nicht auf die üblichen Erziehungsbemühungen an, selbst wenn sie sehr gut sind, und sie reagieren auch nicht auf die herkömmlichen therapeutischen Verfahren. Sie befinden sich, wie Redl sagt, „außerhalb der Reichweite der Erziehung und unterhalb des Wirkungsbereichs psychotherapeutischer Gesprächstechnik". Deswegen braucht man für diese Kinder und Jugendlichen sowohl einen Plan zur Unterstützung und Stärkung ihrer geschädigten Ich-Funktionen als auch einen Plan, der gegen ihre Wahnvorstellungen wirksam ist, um ihre Abwehr aufzulösen.

Redl weist ferner auf folgendes hin: Vielfach wird geglaubt, man brauche gestörten Kindern und Jugendlichen nur angemessene Freizeitmöglichkeiten und ausreichende Gelegenheiten für konstruktive Vergnügungen zu verschaffen; dies werde ihnen dann schon helfen, ihren destruktiven Drang aufzugeben. Ebenfalls wird angenommen, ein Großteil ihrer Reizbarkeit und Haßerfülltheit könnte schon dadurch vermieden werden, daß sie solchen Erlebnissen ausgesetzt würden, die sie faszinieren und herausfordern, die ihnen die Chance geben, Erfolg zu haben und Kompetenz und Leistung zu erleben. Außerdem wird geglaubt, daß, wenn sie mit einem wünschenswerten Verhalten in Berührung kommen, wie es z. B. ihre weniger gestörten Kameraden zeigen, in ihnen schon das Bestreben geweckt werde, sich ebenfalls zu bessern - besonders wenn sie merken, daß sie dadurch die Anerkennung und die Zuneigung der Erwachsenen erlangen können. Darüber hinaus wird angenommen, daß das bloße Wegfallen von Grausamkeiten, Beschimpfungen und Beleidigungen, die diese Kinder früher erlebt haben, ihnen die Möglichkeit gebe, nun Gefühle der Wärme, des Angenommenseins und glücklicher Geborgenheit zu entwickeln.

Aber alles dies wirkt nicht bei den Ich-gestörten Kindern und Jugendlichen. Warum eigentlich nicht? Der Hauptgrund liegt darin, daß die genannten Maßnahmen alle viel komplizierter sind, als man gemeinhin glaubt. Damit sich ein gestörter Jugendlicher an einem konstruktiven und herausfordernden Programm beteiligen kann, muß er über ein erhebliches Maß an Frustrationstoleranz verfügen, muß er bereit sein, aus sublimierter und nicht aus primitiver Triebbefriedigung sein Vergnügen zu beziehen, muß er bereit sein, im

Hinblick auf ein langfristiges Versprechen zukünftigen Gewinns ein erhebliches Opfer an momentanem Triebausdruck zu erbringen, muß er eine gewisse Vorstellung von seiner eigenen Zukunft haben, muß er fähig sein, die Furcht vor Mißerfolg ohne inneren Zusammenbruch zu ertragen und den Sieg über einen Gegner ohne einen Ausbruch triumphierenden Hasses zu erleben.

Um sich von Erwachsenen zu etwas anregen zu lassen, muß er schon ein echtes Bedürfnis nach Zuneigung zumindest *eines* Erwachsenen entwickelt haben, und er muß fähig sein, den Erwachsenen selbst dann als liebevoll anzuerkennen, wenn er das momentane Vergnügen zeitweilig zu unterbrechen gezwungen sein sollte. Diese Kinder und Jugendliche sind also nicht in der Lage, automatisch von einem guten Erziehungsmilieu zu profitieren, auch nicht unbedingt von einem noch so gut gemeinten erlebnispädagogischen Programm, und zwar weil die Voraussetzungen dafür noch gar nicht erfüllt sind, nämlich die wirksame Behebung grundlegender Ich-Störungen (s. dazu auch Fatke 1993).

Wie können die Ich-Störungen wirksam behoben werden? Vor allem anderen muß ein sehr gut ausgedachtes pädagogisch-therapeutisches Programm entwickelt werden, das die noch vorhandenen, im Dienst der ‚richtigen' Sache stehenden Ich-Funktionen unterstützt und neue aufbaut (s. auch Balint 1939); und dies muß in einem *therapeutischen Milieu* stattfinden (s. auch Redl 1963; ferner Morse 1991).

Ein therapeutisches Milieu ist durch mehr gekennzeichnet als nur dadurch, daß auch Therapie in irgendeiner Form stattfindet (wobei die Spannbreite von Psychotherapie mit einzelnen über Gruppentherapie bis hin zu Aktivitäten reicht, die einfach therapeutisch genannt werden, z. B. Mal- und Basteltherapie, therapeutisches Reiten oder therapeutisches Toben). Ein therapeutisches Milieu zeichnet sich vielmehr dadurch aus, daß alle seine Bestandteile so beschaffen sind, daß die Störungen der Ich-Funktionen durch Maßnahmen zur Ich-Unterstützung behoben und die Integration der Persönlichkeit gefördert werden. Das kann aber nur gelingen, wenn die innere Zerrissenheit der Kinder und ihre zusammengebrochenen Selbstkontrollen nicht immer wieder ein Pendant finden und verstärkt werden durch die Aufspaltung des erzieherischen Kontextes, beispielsweise in einem Heim in verschiedenartige Teilmilieus, sondern indem der Zerrissenheit ein einheitlich auf den pädagogisch-therapeutischen Zweck hin durchgestaltetes Milieu entgegengesetzt wird, das den Kindern ein stetiges, allgegenwärtiges, zur Verinnerlichung geeignetes Objekt anbietet, um dessen Bild sie ihre Persönlichkeit neu ordnen und diese zu einer Einheit zusammenfügen können. In diesem Sinne bedürfen die Kinder einer therapiewirksamen Struktur in ihrer unmittelbaren Lebenswelt, und nur ein solches Konzept verdient die Bezeichnung „therapeutisches Milieu".

Oder mit anderen Worten: Ein therapeutisches Milieu wird wirksam in den sogenannten „anderen 23 Stunden" des Erziehungsalltags (Trieschman et al. 1969), also außerhalb der einen Stunde Einzeltherapiesitzung oder therapeutischer Beratung, welche in ihrer Wirksamkeit eingeschränkt bleiben muß, wenn nicht auch die anderen 23 Stunden so durchgestaltet sind, daß sie dem gleichen pädagogisch-therapeutischen Ziel dienen.

Von den Faktoren eines therapeutischen Milieus, die genauestens auf ihre therapeutische Wirkung hin zu untersuchen und entsprechend zu gestalten sind, seien hier beispielhaft nur die wichtigsten herausgegriffen:

Die soziale Struktur: Dazu gehört u. a. die Rollenverteilung unter den Erwachsenen genauso wie die Hackordnung unter den Kindern und das Kommunikationsnetz in der Einrichtung. Alle müssen so transparent wie möglich sein. Die Sozialstruktur in einem therapeutischen Milieu ist dem Modell eines Ferienlagers recht ähnlich, in welchem die Kinder mit einer größeren Anzahl von Erwachsenen vertraut werden, die für sie ähnliche Rollen wie größere Brüder oder Schwestern oder auch Eltern verkörpern, ohne daß jedoch ein Äquivalent zum Familienleben vorgetäuscht wird.

Das Wertesystem: Dies kommt auch in impliziten Werthaltungen zum Ausdruck und muß auf jeden Fall klar und überzeugend und vor allem kohärent sein. Beispielsweise kann man den Kindern nicht einerseits versichern, sie sollen sich wie zu Hause fühlen, und ihnen andererseits gleichzeitig bei der Zimmereinrichtung maßregelnd dreinreden.

Gewohnheiten, Rituale und Verhaltensregeln: Diese haben eine um so größere Orientierungs- und Strukturierungsfunktion, je gestörter die Ich-Funktionen und je zerrissener die Persönlichkeitsstrukturen sind.

Die Gruppenprozesse: Dazu gehören z. B. Cliquenbildung, Sündenbockrollen, gruppenpsychologische Ansteckungen, Rollenzwang, Rivalitäten zwischen Gruppenführern usw. Diese beeinflussen machtvoll das Milieu und verdienen besondere Aufmerksamkeit. Gerade Therapeuten vernachlässigen diesen Faktor häufig, weil sie eher gewohnt und geneigt sind, mit einzelnen zu arbeiten. Aber Erziehung im therapeutischen Milieu ist immer ein Gruppengeschehen - genauso wie in der Familie und in der Schule. Und selbst für eine Einzeltherapie gilt, was Redl so treffend in die Worte gefaßt hat: „The gang is always under the couch" (die Gruppe mit ihrem Normenkodex befindet sich immer unter der Behandlungscouch, bzw. sie ist im Behandlungsraum anwesend).

Einstellungen und Gefühle des Personals: Diese entspringen den verschiedensten Quellen, von denen ein nicht unbedeutender Teil unbewußt und verdrängt, weil mit schmerzlichen psychischen Erfahrungen verbunden ist. Je weniger diesen Quellen nachgegangen wird, um so verhängnisvoller können sie sich im pädagogisch-therapeutischen Umgang mit den Kindern auswirken.

Von besonderer Bedeutung sind die *Programm- und Aktivitätsangebote*. Diese müssen klinisch wohl dosiert sein und vor allem dazu dienen, den Kindern einen realistischen Alltag zu bieten, in dem sie alte Erfahrungsmuster korrigieren und neue Erfahrungen machen können, die ihre Ich-Fähigkeiten stärken und ihre erwachsenen Beziehungspersonen in neuer Perspektive zeigen. Zugleich erhalten sie dadurch die Möglichkeit, ein neues Selbstbild aufzubauen, das ihnen Befriedigung von innen heraus verschafft.

Das Programmangebot muß bestimmte therapeutische Prinzipien befolgen. Aus der großen Fülle (die in dem Band „Controls from Within" enthalten sind) seien hier nur 6 Prinzipien angeführt:

(1) Das Programmangebot muß geeignet sein, Impulse, Triebe und Dränge auszutrocknen.

(2) Es muß dazu dienen, daß Frustrationen, am Anfang jedenfalls, ganz und gar vermieden und dann allmählich klinisch sehr genau dosiert werden.

(3) Ein weiteres Prinzip ist die gruppenpsychologische Hygiene, d. h., daß sowohl die Zusammensetzung in der Gruppe wie auch die Dynamik, die in der Gruppe entsteht, so gesteuert und kontrolliert werden muß, daß es nicht zu gruppenpsychologischen Räuschen und Ansteckungsprozessen kommt.

(4) Auch präventives Eingreifen sollte das Programmangebot möglich machen, damit Kinder nicht irgendeiner Situation ausgesetzt werden, die dann eine Eigendynamik entfaltet und dem Erzieher keine Möglichkeit mehr gibt, vorher eingreifen zu können.

(5) Ein weiteres Prinzip ist der Aufbau von befriedigenden Selbstbildern. Das Programmangebot muß den Kindern und den Jugendlichen Erfahrungen ermöglichen, die dazu führen, daß sie ein Selbstbild aufbauen, das ihnen Befriedigung von innen heraus verschafft.

(6) Es muß das Prinzip der Teilhabe an Planungen und Teilhabe an den anschließenden Auswertungen von Aktivitäten in diesem Programm enthalten sein. Das Programm selber wie auch die Institution oder das therapeutische Milieu, in dem das Kind sich befindet, einschließlich aller Personen, die daran beteiligt sind (vom Heimleiter bis zum Hausmeister, von der Erzieherin bis zur Köchin) müssen die Funktionen des Ich unterstützen.

Abschließend soll noch das von Redl entwickelte „Life Space Interview" skizziert werden, das ebenfalls einen wichtigen Faktor in der pädagogisch-psychoanalytischen Erziehung der Kinder im therapeutischen Kontext bildet (s. dazu auch Fatke 1988). Es handelt sich dabei um eine Methode, die eine ganz spezifische Form des Dialogs zwischen dem Erzieher (oder Lehrer) und dem Kind darstellt - eines Dialogs, der durch die Rekonstruktion krisenhafter Ereignisse und ihre Deutung beizutragen versucht zum Ausdruck von Gefühlen, zur Minderung von Schuld und Ängsten, zur angemessenen Realitätserkenntnis und zum Aufbau von "Kontrollen von innen". In dieser Ausrichtung hat sich die Methode als recht wirksam für die Bewältigung von Krisensituationen im sozialpädagogischen Alltag bewährt.

Das „Life Space Interview" ist vor allem durch dreierlei gekennzeichnet: erstens die größere Nähe des Gesprächs zu tatsächlichen Erlebnissen des Alltagslebens, zweitens die lebensnähere Rolle des erwachsenen Gesprächspartners und drittens die Nähe zu Zeit und Raum im natürlichen Leben des Kindes. Die Absicht dieses situationsbezogenen, therapiewirksamen Gesprächs im aktuellen Lebenskontext bei krisenhaften Ereignissen liegt vor allem darin, die Wirkungen des Erlebnisses so zu regulieren, daß das Kind nicht von Angst und/oder Schuldgefühlen überschwemmt wird und sich somit seine Abwehrmechanismen nicht noch weiter verfestigen, sein Haß auf die Erwachsenen sich nicht noch weiter verstärkt.

Dies wird auf zwei Ebenen erreicht, die zugleich die Funktionen des Life Space Interview gliedern in (1) emotionale Soforthilfe und (2) therapeutische Auswertung von Alltagsereignissen.

Emotionale Soforthilfe

(1) Im LSI wird dem betreffenden Kind in Situationen, in denen es emotional überfordert ist, Beistand geleistet, der ihm hilft, panikartige Angst, Wut und Schuldgefühle zu bewältigen.

(2) Das Kind kann Frustration abreagieren, indem durch mitfühlende Verständigung über die Wut und Empörung die zusätzliche, durch Intervention hervorgerufene Feindseligkeit abgelassen wird, wodurch verhindert werden kann, daß sich der Haß noch steigert.

(3) Bei drohendem Abbruch der Beziehungen zwischen dem Kind und seinen erwachsenen Bezugspersonen wird die Kommunikation aufrechterhalten.

(4) Bei schwierigen Entscheidungen wird eine schiedsrichterliche Hilfe angeboten.

(5) Verhaltensabläufe und der soziale Verkehr werden reguliert; denn die allgemeinen Grundsätze und Regeln der Interaktion sind den Kindern zwar bekannt, aber sie haben diese Kenntnis nicht unbedingt im richtigen Augenblick zur Verfügung, und ferner bringen sie in einem solchen

Moment nicht immer die nötige Ich-Energie auf, um die eigene Impulsivität der Verhaltensnorm unterzuordnen.

Therapeutische Auswertung von Alltagsereignissen

Diese besteht vor allem in folgendem:

(1) Aufhebung von Wahrnehmungsverzerrungen, wodurch das Realitätsprinzip gestärkt wird. Denn diese Kinder entwickeln eine hochdifferenzierte Argumentationsakrobatik, um die Wahrheit - vor dem Gesprächspartner und vor allem vor sich selbst - zu verbergen. Statt aber zu moralisieren oder eine Motivforschung mit unterschwelligem Vorwurf („Warum hast du das getan?") zu treiben oder zusätzliche Schuldgefühle zuzuweisen („Darüber bin ich traurig. Das habe ich nicht von dir erwartet.") - was die Kinder nur in ihrem Haß gegenüber den Erwachsenen bestätigen und bestärken würde -, muß zunächst einmal das Geschehen durch das betreffende Kind selbst - behutsam geführt durch Fragen, die an den Fakten bleiben - rekonstruiert werden. Dadurch und nur dadurch kann sich ein Bewußtsein vom eigentlichen Problem einstellen (in diesem Fall: Bill tut, was er will, einfach weil er es will).

(2) „Einmassierung des Realitätsprinzips": Die Kinder in der Art von Bill sind, wie Redl zu sagen beliebt, im sozialen Bereich „kurzsichtig", so daß sie große Buchstaben und Unterstreichungen benötigen, um zu begreifen, worum es in der sozialen Realität eigentlich geht. In diesem Sinne ist auch die Schlußbemerkung des Direktors zu verstehen.

(3) „Entfremdung von Symptomen": Da die verhaltensgestörten Kinder einen großen Lustgewinn aus ihren Symptomen ziehen, werden die konkreten Situationen nun im LSI verwendet, um den Kindern Beweise dafür zu liefern, daß sich ihr pathologisches Verhalten nicht auszahlt bzw. daß der Preis zu hoch ist für den armseligen sekundären Gewinn, den sie daraus ziehen, bzw. die Freude, die sie aus anderen Formen der Problemlösung gewinnen könnten, viel zuverlässiger und regelmässiger ist.

(4) „Wiederbeleben eingeschlafener Wertgefühle": Dies ist bei den verhaltensgestörten Kindern besonders schwierig, weil sie ständig Angst haben, vor ihren Alterskameraden das Gesicht zu verlieren. Als bester Zugang zum Bereich von Wertvorstellungen eignet sich die Fairneß-Norm, die auch für diese Kinder in den meisten Fällen noch eine Bedeutung hat.

(5) „Anbieten neuer Anpassungstechniken": Es kann natürlich nicht bei dem Verhelfen zu neuen Einsichten bleiben, sondern es ist auch nötig, den Kindern deutlich zu machen, daß es andere als die verwendeten

Abwehrmechanismen gibt, und zwar solche, die sich in dem konkreten Lebenskontext des Kindes realisieren lassen, weil die Bedingungen durchaus vorhanden sind. Hier geht es darum, wie Redl sagt, nicht nur einen ‚Reklamezettel', sondern das ‚Warenmuster' selbst vorzuführen.

So baut auch diese Gesprächstechnik letztlich auf den Ich-psychologischen Einsichten auf und bildet zugleich einen wichtigen Faktor im pädagogisch-psychoanalytischen Umgang mit den „Kindern, die hassen".

Mit Hilfe der skizzierten Konzepte ist es Redl gelungen, mit den schwer gestörten Kindern, mit denen keines der üblichen Erziehungsheime mehr fertig wurde, sozialpädagogisch-therapeutisch erfolgreich zu arbeiten. Möglich wurde die Ausarbeitung dieses Praxiskonzepts vor allem durch die von Redl vorgenommene Ausdifferenzierung der Ich-Funktionen, die seine bleibende theoretische Leistung darstellt.

5. Resümee

(1) Auch in den amerikanischen Jahren, in denen sich Redl in die sozialpädagogische und therapeutische Praxis hineinbegeben hat, ist er vorrangig Erzieher und Pädagoge geblieben und hat an seiner Grundorientierung festgehalten: daß nämlich von der pädagogischen bzw. sozialpädagogischen Aufgabe her Anfragen an die Psychoanalyse zu richten sind.

(2) Damit hat er ein Gegengewicht zu einer Klinifizierung der Pädagogik gebildet, der von einigen der psychoanalytischen Pädagogen, vor allem in den USA, Vorschub geleistet worden ist.

(3) Es waren die pädagogischen und sozialpädagogischen Zusammenhänge, die ihm den Blick für die vielfältigen Aufgaben und Funktionen des Ich geöffnet haben. Insofern bildete seine (sozial-)pädagogische Tätigkeit die Grundlage für seine psychoanalytische Ich-Psychologie. Dies theoretische Konzept wiederum bildete den Ausgangspunkt für sein besonderes Modell einer psychoanalytisch orientierten Pädagogik und Sozialpädagogik, die nicht nur für den Umgang mit schwierigen Kindern und Jugendlichen bahnbrechende Anstöße gegeben und neue Maßstäbe gesetzt, sondern auch ein neues, vertieftes Verständnis für die Entwicklung von Kindern und Jugendlichen allgemein begründet hat.

Literatur

Balint, Michael: Ichstärke, Ichpädagogik und „Lernen.". In: Imago 24 (1939), S. 417-427

Fatke, Reinhard: „Krümel vom Tisch der Reichen"? - Über das Verhältnis von Pädagogik und Psychoanalyse aus pädagogischer Sicht. In: Pädagogik und Psychoanalyse. Beiträge zur Geschichte, Theorie und Praxis einer interdisziplinären Kooperation. Hrsg. v. G. Bittner u. Ch. Ertle. Würzburg 1985, S. 47-60.

Fatke, R.: Das „Life Space Interview" (Fritz Redl). Ein therapeutischer Dialog zwischen Erzieher und verhaltensauffälligem Kind. In: Das Dialogische in der Heilpädagogik. Hrsg. v. G. Iben. Mainz 1988, S. 133-141.

Fatke, R.: Kritische Anfragen der Erziehungswissenschaft an die Erlebnispädagogik. In: F. Herzog (Hrsg.): Erlebnispädagogik - Schlagwort oder Konzept? Luzern 1993, S. 35-48.

Figdor, H.: „Pädagogisch angewandte Psychoanalyse" oder „Psychoanalytische Pädagogik"? In: Jahrbuch für Psychoanalytische Pädagogik 1. Mainz 1989, S. 136-172.

Freud, Anna: Das Ich und die Abwehrmechanismen. London 1936.

Freud, S.: Formulierungen über zwei Prinzipien des psychischen Geschehens (1911). In: Gesammelte Werke, Bd. VIII, S. 229-238.

Gottesfeld, M. L./Pharis, M. E.: Profiles in Social Work. New York 1977.

Hartmann, Heinz: Ich-Psychologie und Anpassungsproblem. In: Internationale Zeitschrift für Psychoanalyse 24 (1939), S. 62-135.

Morse, William C. (Ed.): Crisis Intervention in Residential Treatment: The Clinical Innovations of Fritz Redl. New York 1991.

Redl, Fritz: Die Idee der Erziehungsgemeinschaft und ein Versuch ihrer Verwirklichung (1929). In: Redl 1978, S. 23-41.

Redl, Fritz: Erziehungsberatung in der eigenen Klasse (1931). In: Redl 1978, S. 43-89.

Redl, Fritz: Erziehungsberatung, Erziehungshilfe, Erziehungsbehandlung (1932). In: Redl 1978, S. 91-104.

Redl, Fritz: Der Mechanismus der Strafwirkung. In: Zeitschrift für Psychoanalytische Pädagogik 9 (1935). In: Redl 1978, S. 165-225.

Redl, Fritz: Residential treatment for emotionally disturbed children. In: Albert Deutsch (Ed.): The Encyclopedia of Mental Health. Vol. 5. New York 1963, S. 1769-1781.

Redl, Fritz: Preface. In: The Reiss-Davis Clinic Bulletin 1 (1964), S. 2-5.

Redl, Fritz: When We Deal with Children. Selected Writings. New York 1966. Deutsch (Auszüge): Erziehung schwieriger Kinder. Beiträge zu einer psychotherapeutisch orientierten Pädagogik. München 1971.

Redl, Fritz: Erziehungsprobleme - Erziehungsberatung. Aufsätze. München 1978.

Redl, Fritz/Wattenberg, William W.: Mental Hygiene in Teaching. New York 1959. Deutsch: Leben lernen in der Schule. Pädagogische Psychologie in der Praxis. München 1980.

Redl, Fritz/Wineman, David: Children Who Hate. Disorganization and Breakdown of Behavior Controls. New York 1951. Deutsch: Kinder, die hassen. Auflösung und Zusammenbruch der Selbstkontrolle. München 1979.

Redl, Fritz/Wineman, David: Controls from Within. Techniques for the Treatment of the Aggressive Child. New York 1952. Deutsch (Auszug): Steuerung des aggressiven Verhaltens beim Kind. München 1976.

Trieschman, A. E./Whittaker J. K./Brendtro, L. K.: The Other 23 Hours. Chicago 1969. Deutsch: Erziehung im therapeutischen Milieu. Ein Modell. Freiburg i. Br. 1975.

Wagner-Winterhager, Luise: Pädagogik der Ich-Unterstützung. Ein dritter Weg zwischen „autoritärer" und „antiautoritärer" Pädagogik: Fritz Redl. In: Die Deutsche Schule 79 (1987), S. 55-68.

Zulliger, Hans: Über eine Lücke in der psychoanalytischen Pädagogik. In: Zeitschrift für Psychoanalytische Pädagogik 10 (1936), S. 337-359.

Rolf Göppel

BRUNO BETTELHEIM

(1903-1990)

Bruno Bettelheim kann in zweifacher Hinsicht als ein „Pionier der psychoanalytischen Pädagogik" gelten: Zum einen hat er der psychoanalytischen Pädagogik, die ihren Arbeitsschwerpunkt bis dahin eher in der Erziehung von Kindern und Jugendlichen mit neurotischen Störungen oder mit Verwahrlosungsproblemen gesehen hatte, ein ganz neues Arbeitsfeld erschlossen, indem er auf psychoanalytischer Grundlage ein Konzept für die institutionelle Erziehung sehr schwer gestörter, psychotischer und autistischer Kinder entwickelt hat. Zum anderen kann man sagen, daß Bruno Bettelheim der psychoanalytischen Reflexion von Erziehungsfragen überhaupt erst zur größeren Breitenwirkung verholfen hat. Mit seinen zahlreichen Büchern war er der wohl populärste zeitgenössische Fachmann auf dem Gebiet der Erziehung und der Kinderpsychologie. Bettelheim war weit über die engen Fachkreise von Psychoanalytikern und Erziehungswissenschaftlern hinaus bekannt. Seine Bücher wurden und werden gelesen von Eltern, die erzieherischen Rat suchen, und überhaupt von Menschen, die an den Fragen der seelischen Entwicklung des Kindes und an den Rätseln der psychischen Störungen interessiert sind.

Als Bruno Bettelheim am 13. März 1990 im Alter von 86 Jahren freiwillig aus dem Leben schied, ging diese Nachricht durch alle Medien und löste bei vielen Menschen tiefe Betroffenheit aus. Daß jemand, dessen Lebenswerk zu einem großen Teil dem Bemühen galt, seelisch schwer gestörten Kindern eine würdige und lebenswerte Existenz zu ermöglichen, sein eigenes Leben in dieser Form beendete, erzeugte Verwirrung und Nachdenklichkeit. Jedoch hatte Bettelheim, der als Atheist stets sehr skeptisch war gegenüber allen Versuchen, einen letzten Sinn der menschlichen Existenz zu postulieren, schon früher den Selbstmord als die „unausweichliche Konsequenz" bezeichnet, die sich anbiete, „wenn das Leben jeglichen Sinn verloren zu haben scheint" (1980a, S. 12). Und in einem Interview, drei Jahre vor seinem Tod, vertrat er mit sehr großer Offenheit die Meinung, daß wir alle lebten, „als ob" das Leben einen Sinn hätte, und daß die nahen menschlichen Beziehungen das einzige seien, was die reale Sinnlosigkeit der menschlichen Existenz erträglich mache. Er fuhr dann fort: „Die menschlichen Beziehungen sind doch das beste, was wir haben. Das ist ja die Schwierigkeit des Alters, daß einem die Menschen wegsterben. Man hat immer weniger Beziehungen, die einem wirklich wichtig sind, und das ermöglicht einem dann auch, den Tod mit Ruhe ins Auge zu fassen" (1987b, S. 9). Hinzu kamen natürlich die Gebrechen des Alters, ein Schlaganfall, der seine Arbeitsfähigkeit lähmte und ihn pflegebedürftig machte. Den zunehmenden und irreversiblen Verfall persönlicher Autonomie vor Augen, zog er jene - von ihm selbst so benannte - „unausweichliche Konsequenz" und schied freiwillig aus dem Leben.

Als wenige Monate nach seinem Tod einige ehemalige Schüler sich zu Wort meldeten und an dem verklärten Bild des stets einfühlsamen, verstehenden, geduldigen „Überpädagogen" kratzten, fanden auch diese Meldungen ein großes Medienecho. Von der *Washington Post* über die *New York Times* bis zur *Newsweek*, vom *Spiegel* über die *Zeit* bis zur *Bildzeitung* erschienen Artikel, die eine andere, nämlich autoritäre, reizbare, bisweilen unbeherrschte Seite des berühmten Psychoanalytikers enthüllten. Selbst diejenigen, die sich zu seiner Verteidigung in die Diskussion einschalteten, bestritten nicht grundsätzlich die erhobenen Vorwürfe, sondern versuchten eher die Tatsache, daß Bettelheim bisweilen Kinder geschlagen hat, zu entdramatisieren, seine Verdienste dagegenzustellen und Widersprüche in seinem Verhalten und in seiner Persönlichkeit psychologisch zu erklären. So fällt durch diese posthume Auseinandersetzung um Bettelheims Erziehungspraxis tatsächlich ein gewisser Schatten auf sein Lebenswerk. Aber letztlich kann eine Aufhebung der Idealisierungen für eine unbefangene Auseinandersetzung mit Bettelheims Schriften nur nützlich sein. Und das meiste von seinen pädagogischen Einsichten bleibt wohl gültig, unabhängig davon, ob und in welchem Maß Bettelheim selbst als praktischer Erzieher bisweilen wider diese Einsichten gehandelt hat. Wollte man alle Pädagogen daran messen, inwieweit sie ihre eigenen pädagogischen Ideen in ihrer persönlichen Erziehungspraxis konsequent realisieren konnten, dann müßte man neben Rousseau und Pestalozzi auch vielen anderen den Rang von „Klassikern der Pädagogik" absprechen.

1. Biographische Stationen und prägende Einflüsse

Bruno Bettelheim wurde 1903 in Wien als Kind wohlhabender jüdischer Eltern geboren. In seinem letzten, posthum in Deutschland erschienenen Buch „Themen meines Lebens" sind zwei interessante Essays über diese Stadt und diese Zeit enthalten. Der eine schildert aus sehr subjektiver Sicht die kindliche Wahrnehmung der Donaumetropole. Die beiden Großväter Bettelheims waren als mittellose Jugendliche nach Wien gekommen und hatten dort ihr Glück gemacht. Diese Familienhistorie führte dazu, daß das Kind diese Stadt in gewissem Sinn als einen besonderen, auratischen Ort erlebte, als einen Ort, „an dem jedermann leben wollte und an dem es möglich war, das Erstrebte zu erreichen" (1990, S. 149), und daß Bettelheim zeit seines Lebens die Stadt, die Großstadt, als den „einzigen passenden Nährboden" seines Lebens empfand (op. cit., S. 151). Der andere Essay schildert in faszinierender Weise „Das Wien Sigmund Freuds", d. h. die geistige und kulturelle Atmosphäre, von der diese Stadt in den letzten Jahren der Donaumonarchie geprägt war: die politische Niedergangsstimmung sowie die allgemeine Faszination der damaligen Gesellschaft durch Themen wie Sexualität, Geisteskrankheit und Tod, die sowohl in wissenschaftlichen Forschungen als auch in schriftstellerischen und anderen künstlerischen Werken ihren Niederschlag fand und ohne welche die Entstehung und Verbreitung der Psychoanalyse kaum verständlich wäre.

Bettelheim wuchs zunächst im Umkreis der Familie relativ abgeschirmt auf und genoß sein „sorgloses, bequemes Leben" (op. cit., S. 116). Der Erste Weltkrieg brachte erste Erschütterungen in das behütete Aufwachsen. Mit dem Eintritt ins Jugendalter erwachte das Bedürfnis, die politischen Zusammenhänge und kulturellen Hintergründe dieser Katastrophe zu verstehen, zu einem eigenen, von den Eltern unabhängigen Urteil zu gelangen. Bettelheim trat dem *Jung-Wandervogel*, der linksgerichteten Jugendbewegung in Wien, bei, kam durch die Lektüre des *Anfang*, jener skandalumwitterten Zeitschrift, die Siegfried Bernfeld mitherausgab, mit dem Gedankengut der Jugendkulturbewegung und der Schulreformbewegung in Kontakt und begann, sich zunehmend für pädagogische Fragen zu interessieren. Rückblickend schreibt er: „Was ich aus dem *Anfang* lernte und erfuhr, war wirklich ein Neubeginn für mich. Es bildete die Grundlage für meine pädagogischen Überzeugungen, die ich viele Jahre später in den Vereinigten Staaten in die Praxis umsetzen konnte" (op. cit., S. 117).

Über die Jugendbewegung wurde er im Alter von 14 Jahren auch auf die Schriften Sigmund Freuds aufmerksam. Die Perspektive, die sich aus der Kombination von Erziehungsreform und sexueller Befreiung ergab, wurde für ihn, wie er schreibt, zu einer „Offenbarung", und er „verschlang" fortan alle neu erscheinenden Schriften Freuds (op. cit., S. 118).

Nach dem Abitur begann Bettelheim zunächst ein Studium der Germanistik. Nach einigen Jahren verlor er jedoch das Interesse daran und wechselte zur Philosophie und schließlich zur Kunstgeschichte. Aus Bettelheims gelegentlichen Anmerkungen zu jener Zeit geht hervor, daß sein Studium wohl sehr breit und wenig zielorientiert angelegt war. Die Frage der richtigen Berufswahl scheint ihn lange bewegt zu haben. Einerseits war er, da er eine Firma geerbt hatte, mit der er ganz gut verdiente, finanziell unabhängig, andererseits ödete ihn das Geschäftsleben an. Eine akademische Laufbahn, die ihn eigentlich gereizt hätte, war ihm auf Grund der Tatsache, daß er Jude war, versperrt. Er beschäftigte sich während seines Studiums unter anderem auch mit den ideengeschichtlichen Grundlagen einer Erziehungsreform, las Dewey, Rousseau und Pestalozzi. Als bedeutendste geistige Einflüsse jener Zeit nennt er - neben den Schriften Freuds - jedoch philosophische und kulturtheoretische Werke: Theodor Lessings „Geschichte als Sinngebung des Sinnlosen" und Hans Vaihingers „Die Philosophie des Als-ob". Diese Bücher hatten für Bettelheim ganz unmittelbare lebenspraktische Relevanz, denn sie gaben ihm eine Perspektive, wie man trotz einer pessimistischen Grundhaltung, trotz der Skepsis gegenüber allen religiösen und metaphysischen Heilsversprechungen ein subjektiv sinnvolles Leben führen kann. Erst 1937, also kurz vor dem entscheidenden Bruch in seiner Biographie, schloß er seine Studien mit einer Dissertation über „Das Problem des Naturschönen und die moderne Ästhetik", die er bei Robert Reininger und Karl Bühler einreichte, ab.

In die Wiener Zeit fallen noch zwei andere Begebenheiten, die für Bettelheims spätere Arbeit bedeutsam wurden: Zum einen unterzog er sich selbst einer Psychoanalyse. Er hatte eine große introspektive Neugier, wollte gerne mehr über sich selbst und seine unbewußten Motive erfahren, aber es gab auch persönliche Probleme, die ihn zu diesem Schritt bewogen: Unzufriedenheit mit der Entwicklung, die sein Leben genommen hatte, depressive Verstimmungen usw. Viele seiner Freunde hatten sich bereits analysieren lassen, und einige waren selbst Analytiker geworden. In den linksintellektuellen, wohlhabenden jüdischen Kreisen Wiens war die Analyse offensichtlich um jene Zeit schon das Mittel der Wahl, um sich mit solchen Lebensproblemen auseinanderzusetzen. Bettelheim schildert seine Analyse bei Richard Sterba als eine faszinierende Expedition ins eigene Innere und betont, daß ihn gerade die Offenheit seines Analytikers beeindruckte, der ihm nur die grundsätzliche Bereitschaft signalisierte, ihn auf dieser Forschungsreise zu begleiten, ohne jedoch von Anfang an Auskünfte über Ziel und Ertrag des Unternehmens geben zu können.

Zum anderen ergab es sich, daß Bettelheim und seine Frau ein autistisches Kind bei sich aufnahmen. Die wohlhabende Mutter dieses Kindes, für dessen Krankheit es damals noch gar keine klare Diagnose gab, war aus den Vereinigten Staaten nach Europa gekommen, um hier Hilfe zu finden. Sie hatte ihr Kind zuerst bei Piaget in Genf vorgestellt und war dann nach Wien gekommen, um Freuds Rat einzuholen. Anna Freud kümmerte sich um den Fall, diagnostizierte eine infantile Psychose und befand, daß eine analytische Behandlung allein nicht ausreichend sei, sondern daß das Kind in eine Umgebung gebracht werden müßte, die gänzlich auf seine Situation und seine Bedürfnisse abgestimmt sei. Da es eine solche Einrichtung auch in Wien nicht gab, wurde eine geeignete Familie gesucht, die bereit wäre, das Kind für einige Monate bei sich aufzunehmen. So gelangte dieses Kind schließlich in die Familie Bettelheim, und aus den ursprünglich geplanten „paar Monaten" wurden dann sieben Jahre.

2. Schlüsselerfahrungen: die Extremsituation des Konzentrationslagers

Eine Schlüsselerfahrung, die ihn bis zu seinem Tod immer wieder beschäftigte und seine Sicht der menschlichen Psyche, aber auch seine Theorie der Heilung seelischer Störungen maßgeblich prägte, war für Bettelheim die Erfahrung in den deutschen Konzentrationslagern Dachau und Buchenwald. Im März 1938, unmittelbar nach dem Einmarsch der Nationalsozialisten in Österreich, war Bettelheim verhaftet worden. Auf dem Transport nach Dachau wurden er und seine Mitgefangenen schwer mißhandelt. Bei Ankunft im Lager war er durch seine Verletzungen und den damit verbundenen Blutverlust so sehr geschwächt, daß er zunächst für einige Tage von der Zwangsarbeit befreit und ins Krankenrevier gebracht wurde. Diesen Umstand, im Lager nicht gleich in „die schrecklich zerstörerische Maschinerie aus tödlichen Mißhandlungen und schwerster Sklavenarbeit" hineingezwungen worden zu sein, schildert Bettelheim im nachhinein als einen entscheidenden Glücksfall. Denn nach dem Schock des Transports, nach den extremen Erfahrungen des vollkommenen Ausgeliefertseins, gelang es ihm dort, ein Stück Distanz zu diesen Erfahrungen zu gewinnen, „einige Mechanismen" seines „psychischen Schutzsystems wiederherzustellen" (Bettelheim 1980a, S. 21).

Schon vor diesem Bruch in seinem Leben hatte Bettelheim ein ausgeprägtes psychologisches Interesse entwickelt. In der neuen Situation machte er die beunruhigende Beobachtung, daß sich sein Empfinden und Verhalten auf merkwürdige Weise zu verändern begann. Bei vielen der Mitgefangenen stellte er deutliche Anzeichen einer Desintegration der Persönlichkeit fest. Das Interesse an den seelischen Vorgängen bei sich selbst, bei seinen Leidensgenossen und bei seinen Peinigern wurde für ihn ein wichtiges Mittel des inneren Widerstands gegen die planmäßigen Versuche der SS, die persönliche Identität und Selbstachtung der Lagerinsassen zu zerstören: Inmitten des alltäglichen Überlebenskampfes im Lager machte er sich selbst und seine Umwelt zum Studienobjekt, stellte gezielte Beobachtungen an und befragte viele seiner Mitgefangenen nach ihren Versuchen, die Situation psychisch zu bewältigen. Während der monotonen Arbeit reflektierte er seine Beobachtungen und versuchte, sich die Details möglichst genau ins Gedächtnis einzuprägen. Freilich tat er all dies nicht aus bloßem wissenschaftlichen Forscherdrang. In seiner späteren Niederschrift dieser Beobachtungen schreibt er: „Vielmehr handelte es sich bei der Untersuchung dieser Verhaltensweisen um einen Mechanismus, den der Autor *ad hoc* entwickelte, um seinen Geist zu beschäftigen und das Lagerleben besser aushalten zu können. Seine Beobachtungen und sein Datensammeln sollten deshalb als ein besonderer Abwehrmechanismus betrachtet werden, der in einer Extremsituation entstand" (op. cit., S. 61). Diese forciert reflexive Einstellung zur eigenen Situation, diese Aufspaltung der eigenen Person in einen genauen Beobachter und einen ausgelieferten, passiven Erleidenden hatte zwar auch ihre Probleme, und Bettelheim fragte sich manchmal: „Werde ich verrückt oder bin ich bereits verrückt?", wenn er sich selbst sogar in extremen Situationen wie aus weiter Ferne beobachtete (op. cit., S. 62). Doch wurde ihm im Lauf der Zeit immer deutlicher bewußt, daß seine Bemühungen um Distanz, seine Versuche, die psychischen Wirkungen des Lagers zu verstehen, einen wichtigen Beitrag zur Aufrechterhaltung seiner Selbstachtung und seiner Lebenskraft darstellten. Das Hauptproblem und das Hauptanliegen während der ganzen Lagerzeit hat Bettelheim auf die folgende Formel gebracht: „Sein Ich sich so zu erhalten, daß er, wenn er das Glück hatte, seine Freiheit wiederzuerlangen, in etwa die gleiche Person sein würde, die er vor seiner Freiheitsberaubung gewesen war" (op. cit., S. 72).

Bettelheim gehörte zu denjenigen, die dieses Glück hatten. Nach einem Jahr Gefangenschaft kam er durch die Intervention einflußreicher amerikanischer Freunde frei und konnte in die Vereinigten Staaten emigrieren. Dort machte er sich daran, seine Erfahrungen und Beobachtungen in einem deutschen Konzentrationslager niederzuschreiben. Diese bemerkenswerte psychologische Studie erschien 1943 unter dem Titel „Individual and Mass Behavior in Extreme Situations". Neben der Schilderung der unmittelbaren persönlichen Erlebnisse und Verarbeitungsprozesse versucht Bettelheim dort auch eine nach sozio-kulturellem und politischem Hintergrund der Gefangenen aufgeschlüsselte Beschreibung typischer psychischer Reaktionsmuster auf die Extremsituation des Lagers. Eine der zentralen Fragestellungen, die Bettelheim beschäftigt, ist dabei die folgende: Welche Bedingungen, insbesondere welche persönlichen Voraussetzungen waren es, die darüber entschieden, ob es dem einzelnen Gefangenen gelang, die Integration seiner Persönlichkeit aufrechtzuerhalten und innere Widerstandskraft gegen die unmenschlichen Verhältnisse zu entwickeln? Seiner Überzeugung nach spielte dabei „die Frage, zu welchem Maß an Autonomie die Person in ihrem Leben vor dem Lager gelangt war, eine entscheidende Rolle. Das heißt, es kam darauf an, wie erfolgreich sich die Integration der Persönlichkeit und die Selbstachtung entwickelt hatten. Andere wesentliche Faktoren lassen sich als Fragen formulieren: Wie sinnvoll hat die Person ihr bisheriges Leben empfunden? Wie entscheidend, befriedigend und dauerhaft sind ihre zwischenmenschlichen Beziehungen gewesen? Doch am allerwichtigsten war wohl die Frage, ob und inwieweit ihre Selbstachtung und Selbstsicherheit in ihrem eigenen Leben - also in dem, was sie selbst war - ankerten oder inwieweit sie ihre Sicherheit und ihr Selbstbild aus den Äußerlichkeiten ihrer Existenz bezogen hatte - also aus dem, was sie vorgab, zu sein" (op. cit., S. 122 f.). Dieser innere Kern war es also, auf den es ankam, um unter den Bedingungen des Konzentrationslagers seine Identität zu bewahren. Bettelheim hatte vielfach erlebt, wie schnell und total diejenigen zusammenbrachen, die ihren Halt bisher in erster Linie aus ihrer gesellschaftlichen Stellung, aus Besitz, Amt oder Titel bezogen hatten.

In seinem Buch „Erziehung zum Überleben" hat Bettelheim unter anderem auch die Frage nach der pädagogischen Relevanz dieser Erkenntnisse gestellt. Dabei muß jedoch festgestellt werden, daß dieser deutsche Titel des Buchs, das in der amerikanischen Originalausgabe einfach „Surviving and other Essays" heißt, eher irreführend ist. Es geht Bettelheim keineswegs um eine pädagogische Katastrophenprophylaxe oder um ein psychologisches Survivaltraining. Die Persönlichkeitsmerkmale, die sich als günstig herausgestellt hatten, um im Lager als ganzer Mensch zu überleben - Autonomie, Selbstachtung, ein reiches seelisches Innenleben und die Fähigkeit, bedeutsame Beziehungen zu anderen Menschen aufzubauen -, sind zugleich diejenigen, die auch unter normalen Lebensbedingungen ein sinnhaftes, erfülltes Leben ermöglichen. Und somit stellt Bettelheim vor diesem doppelten Horizont die Frage, „wie man es wohl ermöglichen könnte, daß alle Menschen zu Autonomie, echter Selbstachtung und innerer Integration gelangen, sowie zu einem reichen Innenleben und zu der Fähigkeit, sinnvolle zwischenmenschliche Beziehungen zu entwickeln" (op. cit., S. 123). Daß die Antwort auf diese Frage nicht in wenigen Sätzen und schon gar nicht in Form pädagogischer Rezepte gegeben werden kann, liegt auf der Hand. Bettelheims ganzes Lebenswerk kann jedoch als der Versuch einer Antwort auf diese Frage gesehen werden. Daß er sich selbst in seiner pädagogischen Arbeit in erster Linie seelisch schwer gestörten Kindern zugewandt hat, also einem Bereich, in dem die Einlösung dieses Anspruchs zunächst fast aussichtslos erscheint, zeigt, daß Bettelheim das Wort „alle" in der obigen Formulierung durchaus ernst genommen hat.

Bettelheim hat das Konzentrationslager überlebt. Es gelang ihm auch, sein Ich einigermaßen zu erhalten. Dennoch war er nach dieser Erfahrung nicht mehr derselbe, der er vorher war. In seinem ganzen späteren Leben hat er sich immer wieder mit dieser Erfahrung beschäftigt, und er schreibt an einer Stelle, daß es sich bei seinen schriftlichen Auseinandersetzungen mit dem Thema um die „höchst idiosynkratischen Bemühungen eines Menschen um Reintegration" handelt (op. cit., S. 44). Immer wieder geht es darum, die Beschaffenheit des Traumas zu begreifen, die anthropologische Bedeutung dieses Geschehnisses zu klären und nach Konsequenzen für unser heutiges Leben zu fragen. Ein besonders typisches und zugleich schwer verständliches Merkmal des von Bettelheim und anderen beschriebenen „Überlebenssyndroms" stellt ein vages und dennoch sehr drängendes Schuldgefühl der Geretteten gegenüber denjenigen dar, die das Konzentrationslager nicht überlebt haben, im Sinne der Frage: „Warum bin gerade *ich* davongekommen?"

Die Vermutung liegt nahe, daß Bettelheims pädagogisches Lebenswerk - insbesondere sein Engagement für Kinder und Jugendliche, die aufgrund ihrer seelischen Störungen gewissermaßen in einem inneren Gefängnis, einem seelischen Labyrinth, gefangen sind - etwas zu tun hat mit diesem Gefühl der Verpflichtung gegenüber den Opfern; daß es sich dabei um einen Versuch handelt, an den Lebenden etwas von der Schuld abzutragen, die man gegenüber den Toten empfindet. Bettelheim selbst deutet dieses Motiv an: „Wer die Persönlichkeitsintegration anderer fördert, kann dadurch versuchen, auch die eigene Integration zu fördern, und im Dienst an den Lebenden kann man das Gefühl gewinnen, man habe seine Verpflichtung gegenüber den Toten erfüllt, soweit dies überhaupt möglich ist" (op. cit., S. 45).

Auch manche der eingangs erwähnten, erst posthum ans Licht der Öffentlichkeit gelangten, problematischen Aspekte von Bettelheims pädagogischer Praxis mögen mit der Erfahrung des Lagers zusammenhängen. In diesem Sinne ist ein Satz recht erhellend, mit dem Rudolf Ekstein seinen Freund Bruno Bettelheim noch zu dessen Lebzeiten zitierte: „Ich habe ein Jahr Konzentrationslager überwunden, und es hat mich dazu bewogen, daß ich nach Amerika ging. Ich möchte ein *anderes* Konzentrationslager gründen. Ich will ein Heim gründen; da werden Kinder drin sein, die verloren sind, so wie ich einmal verloren war im Konzentrationslager mit *einem* Unterschied: Wir waren damals drin, damit wir nie mehr raus kommen sollten; ich aber werde eines schaffen, wo die Hilflosen nicht Gefangene sind, sondern sie sind Menschen, die sich einmal befreien können, denn wir werden ihnen helfen. Wir werden jenen Menschen helfen, wir werden nachdenken, wie die neue Gruppe, dieses neue Heim ihnen helfen kann, wie Psychotherapie helfen kann, wie Erziehung umgeändert werden muß, wie diese Menschen frei sein können" (Ekstein 1989, S. 15). Diese Idee des „umgekehrten Konzentrationslagers", dessen Türen nicht von außen, wohl aber von innen jederzeit zu öffnen sind, das somit besonderen Schutz und Sicherheit für diejenigen Kinder bietet, die an frühen traumatischen Erfahrungen, an Verfolgungs- und Vernichtungsängsten leiden, war sicherlich in zahlreichen Fällen hilfreich, sie impliziert aber zum einen doch die Vorstellung vom Heim als einer relativ abgeschlossenen, eigenen Welt für sich, und sie mag gerade dann besonders problematisch geworden sein, wenn einzelne Kinder die ihnen angesonnene

Rolle der auf „Rettung" und Selbstbefreiung" bedachten „Verlorenen" und „Hilflosen" verweigerten.

3. Bettelheims Pädagogik: Dem Kind den Weg aus dem Labyrinth ermöglichen

Als Bettelheim 1939, nach seiner Emigration in die USA, versuchte, dort wieder Fuß zu fassen, sich eine neue Existenz aufzubauen, hatte er zunächst gar nicht im Sinn, als Pädagoge oder Psychoanalytiker zu arbeiten. Er wollte sich vielmehr wieder seiner ersten Liebe, der Kunstgeschichte und Ästhetik, zuwenden und war sehr froh, als er an der Universität von Chicago eine Stelle im Bereich „Psychologie der Kunst" erhielt.

Der Universität von Chicago war eine kinder- und jugendpsychiatrische Institution, die „Sonia Shankman Orthogenic School" angeschlossen. 1944 hielt die Universitätsleitung eine konzeptionelle Erneuerung dieser Einrichtung für notwendig und beschloß, daß sie sich künftig auf die Untersuchung und Behandlung des kindlichen Autismus, wie er kurz zuvor von Leo Kanner beschrieben worden war, konzentrieren sollte. Als die Universitätsleitung von Bettelheims persönlichen Erfahrungen mit der Psychoanalyse einerseits und mit dem autistischen Kind in seiner Familie andererseits erfuhr, wurde er beauftragt, die Leitung und Umgestaltung dieser Schule zu übernehmen. Bettelheim nahm diese Herausforderung an, und er hat die Orthogenic School, die er dann bis zum Jahr 1973 fast dreißig Jahre leitete, zu einer international bekannten Modelleinrichtung für psychisch schwer gestörte Kinder und Jugendliche gemacht. In dieser Zeit wurde er zum Professor für Pädagogik an der Universität Chicago ernannt, und er lehrte dort außerdem Psychologie und Psychiatrie. In seinen Büchern „Liebe allein genügt nicht" (1950/1970), „So können sie nicht leben" (1955/1973), „Die Geburt des Selbst" (1967/1977) und „Der Weg aus dem Labyrinth" (1974/1975) hat Bettelheim das an der Orthogenic School entwickelte Konzept und die damit gemachten Erfahrungen beschrieben.

Es ist hier nicht der Raum, all die differenzierten Überlegungen darzustellen, die Bettelheim zum Aufbau eines „therapeutischen Milieus" für emotional gestörte Kinder entwickelt hat - von der räumlichen und ästhetischen Ausstattung des Heims über die Gestaltung all der verschiedenen Phasen und Übergänge des Tageslaufs bis hin zur Auswahl und Fortbildung der Mitarbeiter. Vielmehr soll versucht werden, direkt auf den Kernpunkt von Bettelheims Erziehungsdenken, auf sein Menschenbild und insbesondere auf sein Bild des seelisch leidenden Kindes sowie auf sein Verständnis des erzieherischen Verhältnisses und damit auf das von ihm vertretene pädagogische Ethos einzugehen.

Bettelheim war von einem naiven naturoptimistisch-gesellschaftskritischen Menschenbild, das davon ausgeht, daß sich alle Anlagen im Kind nur ungestört entwickeln müßten, mindestens ebenso weit entfernt wie von einem naturpessimistisch-gesellschaftsaffirmativen, welches das Neugeborene einfach als *tabula rasa* betrachtet, auf der die Gesellschaft ihre Eintragungen zu machen hat. Vielmehr betrachtete er das Kind als ein von Geburt an aktives und zugleich in hohem Maße verletzliches Wesen. Wie ernst Bettelheim diesen Gedanken der Aktivität nimmt, zeigt sich unter anderem daran, daß er selbst Erikson und Winnicott, jenen psychoanalytischen Autoren, die diesen Gedanken innerhalb der psychoanalytischen Entwicklungspsychologie maßgeblich gefördert haben, vorwirft, daß sie diesen aktiven Bestrebungen des Säuglings nicht genügend Aufmerksamkeit geschenkt hätten (vgl. 1977b, S. 32 u. S. 42). Im ersten Kapitel seines Buchs „Die Geburt des Selbst" hat er versucht, den empfindlichen und störanfälligen Prozeß nachzuzeichnen, in welchem sich in der immer komplexeren Interaktion mit der Mutter das „Selbst" des Kindes, der basale Kern seiner Persönlichkeit bildet. Nach Bettelheim ist es von großer Bedeutung für diesen Prozeß, daß die Mutter einfühlsam auf die Impulse, auf die Lautäußerungen und Gesten des Säuglings reagiert, daß sie durch ihr Handeln seine Bedürfnisse zur Geltung und zur Befriedigung bringt, damit sich beim Kind ein Gefühl der Verläßlichkeit der Welt und das Vertrauen, daß es durch seine eigenen Aktivitäten vorhersagbare Reaktionen in seiner Umwelt auslösen kann, bilden. Bettelheim faßt die entscheidenden Bedingungen folgendermaßen zusammen: „Kurzum, die Tatsache, wie aktiv der Säugling in seiner frühen Erfahrung der Wechselseitigkeit gewesen ist und in welchem Maße seinen eigenen Bemühungen erlaubt wurde, diese Erfahrung befriedigender zu gestalten - das sind die Faktoren, die die spätere Autonomie des Säuglings entscheidend beeinflussen können" (op. cit., S. 41 f.).

Seelische Störungen sind für Bettelheim vor allem auf frühkindliche Mängel und Verletzungen zurückzuführen. Wenn der empfindliche wechselseitige Abstimmungsprozeß zwischen Mutter und Kind nicht in Gang kommt, wenn er abreißt oder entgleist, wenn das Kind zwar körperlich versorgt wird, aber keine Resonanz findet für seine Gefühlszustände, seinen Schmerz und seine Verzweiflung, sein Behagen und sein Lächeln, wenn es immer wieder die Erfahrung macht, daß seine Gesten unverstanden bleiben, daß es ihm nicht gelingt, eine bestimmte Reaktion in seiner Umwelt auszulösen, dann kann es sein, daß es sich aus der Welt der Kommunikation in einen autistischen Zustand zurückzieht, bevor es seine Menschlichkeit hat richtig entwickeln können. Dieses Scheitern der Wechselseitigkeit, die immer wieder erfahrene

Unmöglichkeit, die Anfänge der eigenen Persönlichkeit zur Geltung zu bringen, führt nach Bettelheim beim Kleinkind zu großer Angst, zu einem Gefühl vollkommenen Ausgeliefertseins und zu der Überzeugung, nichts aus eigener Kraft tun zu können, um am eigenen Schicksal etwas zu ändern. Seiner Ansicht nach kann man sich diesen inneren Verzweiflungszustand bei einem Kind, das ja noch nicht über einen entsprechenden Zeithorizont verfügt, um sich ein besseres „Später" auszumalen, und das ja auch nicht durch eigene Aktivität auf andere Beziehungen ausweichen kann, kaum extrem genug vorstellen. Die These, daß schwerwiegende frühkindliche Traumatisierungen - bei u. U. äußerlich vollkommen unauffälligen familiären Verhältnissen - am Ausgangspunkt seelischer Erkrankungen stehen, ist Bettelheims pathogenetisches Paradigma. Er geht von der Überzeugung aus, „daß alle psychotischen Kinder an der Erfahrung leiden, daß sie extremen Lebensbedingungen ausgesetzt gewesen sind, und daß die Schwere ihrer Störungen direkt damit zusammenhängt, wie früh diese Bedingungen aufgetreten sind, wie lange sie gedauert und wie stark sie sich auf das Kind ausgewirkt haben" (op. cit., S. 82).

Obwohl Bettelheim in seinen Fallbeispielen immer wieder Indizien für hochproblematische frühkindliche Entwicklungsbedingungen seiner Patienten aufzeigen kann, bleibt die generelle These einer „matrogenen" Verursachung autistischer und psychotischer Störungen doch ein sehr heikler Punkt, der von der heutigen Autismus- und Schizophrenieforschung kaum mehr geteilt wird, der aber viel Leid und viel Schuldgefühl bei betroffenen Eltern erzeugt hat. Bettelheim selbst hat die implizite Vorwurfshaltung gegenüber den Eltern psychisch kranker Kinder in seinen späteren Schriften weitgehend revidiert (vgl. dazu Kaufhold 1988).

Es mag bei diesen Kindern und ihren Eltern tatsächlich zu einer „Entgleisung des Dialogs", zu einem Mißlingen befriedigender wechselseitiger Erfahrungen kommen. Es scheint aber sinnvoll und dem heutigen Stand der Erkenntnis eher entsprechend, die Ursachen hierfür nicht einseitig bei den Eltern, sondern auch in abweichenden Wahrnehmungs- und Reizverarbeitungsprozessen bei den Kindern zu suchen.

Man wird deshalb die Parallelen, die Bettelheim immer wieder zwischen der Situation der psychisch kranken Kinder und der der Lagerinsassen, die durch die Erfahrungen des Konzentrationslagers in ihrer Persönlichkeit zerstört wurden, gezogen hat, heute nur mehr in Bezug auf die Extremität des Leidenszustandes gelten lassen können, nicht jedoch in Bezug auf die traumatische Verursachung. Dieser Vergleich war für Bettelheim jedoch ein Schlüssel für das Verständnis der schwer zugänglichen inneren Welt von autistischen und psychotischen Kindern: „Die KZ-Erfahrung und die mit ihr verbundene Einfühlung eröffneten mir den Zugang zu der Welt, in der die Psychose herrscht" (1980a, S. 122).

Auch bei der Frage, was therapeutisch oder heilpädagogisch getan werden kann, um den Zustand der Leiden zu überwinden, sieht Bettelheim deutliche Parallelen zwischen diesen beiden Bereichen: „Der Prozeß des Wiederaufbaus einer Person bleibt der gleiche, [...] ganz egal, ob die Persönlichkeit eines Menschen durch die Machtmaschinerie eines Regimes oder aber dadurch zerstört worden ist, daß dieser Mensch von seinen Eltern abgelehnt und im Stich gelassen wurde, wozu gesagt werden muß, daß diese Eltern in vielen Fällen selbst tiefunglückliche Menschen sind, die gar nicht anders handeln können" (op. cit., S. 124). In beiden Fällen geht es darum, Bedingungen herzustellen, in denen die innere subjektive Realität der Betroffenen ernst genommen wird und unter denen sie eine Sprache für ihr Erleben finden können. Ziel ist der Wiederaufbau von Selbstachtung und Autonomie sowie die Entfaltung von sinnvollen zwischenmenschlichen Beziehungen. Nach Bettelheim ist dieses Ziel jedoch weder durch Zwang oder Manipulation noch durch irgendeine Art ausgefeilter „Psychotechnik" herstellbar. Es ist vielmehr nur dann zu erreichen, wenn die betroffenen Personen schon auf dem Weg dorthin unbedingten Respekt vor den bisweilen bizarren Ausdrucksweisen ihrer Subjektivität erfahren.

Sehr prägnant hat Bettelheim die Philosophie seines heilpädagogischen Ansatzes in folgenden Sätzen formuliert: „Mein Therapieziel ist, daß der Mensch frei entscheiden kann, was für ein Leben er führen will. Wenn ich ihm helfe, sich frei zu entscheiden, ob er z. B. psychotisch sein will oder nicht, dann habe ich mein Therapieziel erreicht. Freiheit heißt für mich nicht, daß er niemals psychotisch sein kann. Die Vorstellung, die ich von Freiheit und von der Therapie habe, drückt sich im Titel meines neuen Buches aus: *Der Weg aus dem Labyrinth*. Es heißt nicht: *Die Zerstörung des Labyrinths*. Ich als Therapeut kann den Menschen nicht aus dem Labyrinth herausreißen, nein, er muß den Weg selbst finden, denn nur dann ist es sein eigener Weg. Wir können ihm den Weg aus dem Labyrinth nicht vorschreiben. Das macht aber der Verhaltenstherapeut. Ich habe gar keine Ahnung, welches der Weg heraus sein soll, aber meine Aufgabe ist, dem Patienten zu helfen, seinen Weg, nicht meinen Weg, zu finden. Es zeugt meiner Ansicht nach von höchster Arroganz, einem Menschen vorschreiben zu wollen, wie er sich verhalten soll. Alles, was ich will, läßt sich in einem Satz sagen: Der Mensch soll die Freiheit haben, sich so oder so zu verhalten" (1980b, S. 151).

Mit dieser radikalen Parteinahme für die Freiheit und Würde, für die Selbstgehörigkeit und Unverfügbarkeit der Person, und gerade auch der Person des psychisch gestörten Kindes, hat Bettelheim ein zentrales humanistisches Prinzip in jenen Bereich eingeführt, der unter der Ägide der klassischen Kinder- und Jugendpsychiatrie stark von einer verdinglichenden naturpessimistischen Sicht geprägt war. Kindlicher Autismus und kindliche Psychosen galten danach als schwere, meist unheilbare Formen von Geisteskrankheiten, die entweder auf genetische Dispositionen oder auf Stoffwechselstörungen im Gehirn zurückgeführt wurden.

Bettelheims Plädoyer für die Freiheit des psychisch gestörten Kindes, seinen eigenen Weg zu bestimmen, darf jedoch keineswegs verstanden werden als eine Preisgabe der pädagogischen Bemühungen nach dem Motto „I do my thing - you do your thing", einer Haltung, die angesichts der Schwere dieser Störung und angesichts des Leids all derer, die davon betroffen sind, ohnehin nur zynisch sein könnte. Bettelheims Forderung ist sehr viel anspruchsvoller. Sie stellt in gewissem Sinne eine Erweiterung und Radikalisierung dessen dar, was in der pädagogischen Tradition als ein zentrales Moment der erzieherischen Praxis bestimmt wird: des Dialogs. Die meisten Pädagogen haben bei dem Begriff „Dialog" freilich eher Sokrates, den Austausch von Argumenten und die gemeinsame Suche nach Erkenntnis, im Sinn. Wie aber einen Dialog führen mit jemandem, der wie der Autist jede menschliche Kommunikation meidet oder der wie der Psychotiker „Argumente" und Denkstrukturen benützt, die der allgemein menschlichen Vernunft zuwiderlaufen? Hier fehlen anscheinend alle Voraussetzungen, einen echten Dialog zu führen, und es geht jenseits der Ebene rationaler Argumente erst einmal darum, das, was das Kind durch sein bisweilen bizarres Verhalten, durch seine körperlichen Reaktionen, unter Umständen auch durch seine Verweigerung jeder Kommunikation über sich zum Ausdruck bringt, zu verstehen. Der Aufbau der basalen Grundlagen des zwischenmenschlichen Dialogs, das Sicheinfühlen in die Welt des Anderen steht hier ganz im Vordergrund.

An zahlreichen Beispielen hat Bettelheim konkretisiert, was diese Haltung für die pädagogische Praxis bedeutet. So führte sie etwa in einem Fall, wo ein Kind panische Angst vor der Toilette hatte, dazu, daß eine Mitarbeiterin selbst in die Toilettenschüssel stieg und das Kind aufforderte, die Spülung zu ziehen und zu schauen, was passiert. Dabei war es weniger die demonstrative Widerlegung der Befürchtungen des Kindes, auf die es Bettelheim ankam, als vielmehr die Vermittlung der Bereitschaft, seine Ängste wirklich ernst zu nehmen (vgl. 1975, S. 189).

Neben der Bedeutung der Persönlichkeit des Erziehers und der Betonung des dialogischen Charakters der Erziehung hat Bettelheim noch ein drittes Moment besonders hervorgehoben: die Bereitstellung und Vermittlung von Bildern und Geschichten, in denen das Kind sich selbst, seine Lebenssituation, seine inneren Krisen und Konflikte symbolisch widergespiegelt findet. In seinem wohl populärsten, 1991 bereits in der 15. Auflage erschienenen Buch „Kinder brauchen Märchen" hat sich Bettelheim genau mit diesem Thema beschäftigt. Sein engagierter Versuch, die Grimmschen Märchen für die Kinderstube zu rehabilitieren, geht von der Überzeugung aus, daß sie die kindgerechte Form von Bildern gelebten Lebens darstellen und daß sie wie keine andere Literaturgattung dazu geeignet sind, Orientierungshilfen für die eigene Lebensgestaltung anzubieten. In diesem Sinn schreibt er: „Soll eine Geschichte ein Kind fesseln, so muß sie es unterhalten und seine Neugier wecken. Um aber sein Leben zu bereichern, muß sie seine Phantasie anregen und ihm helfen, seine Verstandeskräfte zu entwickeln und seine Emotionen zu klären. Sie muß auf seine Ängste und Sehnsüchte abgestimmt sein, seine Schwierigkeiten aufgreifen und zugleich Lösungen für seine Probleme anbieten. Kurz: sie muß sich auf alle Persönlichkeitsapekte beziehen. Dabei darf sie die kindlichen Nöte nicht verniedlichen; sie muß sie in ihrer Schwere ernst nehmen und gleichzeitig das Vertrauen des Kindes in sich selbst und seine Zukunft stärken. In dieser und in manch anderer Hinsicht ist sowohl für Kinder als auch für Erwachsene - von wenigen Ausnahmen abgesehen - in der gesamten ‚Kinderliteratur' nichts so fruchtbar und befriedigend wie das Volksmärchen" (1977a, S. 10 f.). Das ganze Buch Bettelheims dient dem Zweck, diese These zu belegen. Anhand von zahlreichen ausführlichen Märcheninterpretationen versucht er aufzuzeigen, worin die jeweiligen subtilen Botschaften dieser Märchen liegen und inwiefern diese genau zu den typischen Konfliktlagen der kindlichen Seele passen.

4. Theorie und Praxis

Es liegt auf der Hand, daß es für die Herstellung eines basalen Dialogs mit seelisch gestörten Kindern nicht in erster Linie auf die Argumente oder auf das didaktisch-mäeutische Geschick des Pädagogen ankommt, sondern daß hier eine andere Art von pädagogischer Kompetenz gefordert ist. Die Frage, wie diese entwickelt werden kann und welche Rolle Theorie, Praxis und Persönlichkeit dabei spielen, hat Bettelheim immer wieder beschäftigt. Der Bezugsrahmen für die heilpädagogische Praxis an der von Bettelheim geleiteten Einrichtung, der Orthogenic School in Chicago, war die Psychoanalyse Sigmund Freuds. Sie bot den theoretischen Hintergrund für das Verständnis der psychischen Situation der Kinder. Weniger als andere bekannte Vertreter der psychoanalytischen Pädagogik ist Bettelheim jedoch je der Versuchung erlegen, die Psychoanalyse als eine Art Geheimwissen anzusehen, die dem entsprechend ausgebildeten Pädagogen zum Durchschauen aller unbewußten Prozesse und damit zu quasi magischen Fähigkeiten im pädagogischen Feld verhilft. Die Psychoanalyse war ihm auch nicht eine exakte Wissenschaft, die auf die Pädagogik „angewendet" werden konnte und von der sich für alle anstehenden Probleme eine präzise Antwort ableiten ließ. Gegen ein solches technizistisches Verständnis von Psychoanalyse hat sich Bettelheim immer gewehrt. Ihm ging es um etwas ganz anderes: „Den Kern unserer Arbeit bildet also nicht ein besonderes Wissen oder ein bestimmtes Verfahren, sondern eine innere Einstellung zum Leben und zu den Menschen, die in den Lebenskampf ebenso verwickelt sind wie wir. Es handelt sich hier um eine Einstellung zu den anderen und zu der Frage, warum sie das tun, was sie tun; dieser Einstellung liegt in erster Linie unsere eigene Einstellung zu uns selbst und zu der Frage zugrunde, warum wir tun, was wir tun. Es ist eine Einstellung, die uns vor Freud nicht zur Verfügung stand" (1977a, S. 13).

Dies ist wohl der Kernpunkt, der Bettelheims Pädagogik zur psychoanalytischen Pädagogik macht: das ständige intensive Bemühen darum, das Handeln und die Motive der betreuten Kinder zu verstehen, und die ständige Verschränkung dieser Verstehensbemühungen mit der Selbstreflexion darüber, welche gefühlsmäßigen Reaktionen diese Handlungen beim Erzieher auslösen, sowie darüber, wo die lebensgeschichtlichen Quellen für diese gefühlsmäßigen Reaktionen liegen. Warum also etwa ein bestimmtes Verhalten eines Kindes als besonders provozierend erlebt wird, warum es Wut, Neid, Ekel, Angst, Mitleid oder ein anderes Gefühl hervorruft.

In seinem Buch „Der Weg aus dem Labyrinth" hat Bettelheim ein ausführliches Kapitel dem Thema „Mitarbeiter" gewidmet, in dem er schildert, wie er versucht hat, diese psychoanalytische Einstellung bei seinen Mitarbeitern zu fördern und als tragenden Geist der ganzen Einrichtung zu verankern. Es wird darin deutlich, welch hohes Maß an Engagement Bettelheim seinen Mitarbeitern abverlangt hat. Zahlreiche zitierte Stellungnahmen der Mitarbeiter belegen aber auch, in welch hohem Maße diese ihre Arbeit mit den psychisch gestörten Kindern und die intensive Reflexion darüber als bedeutsam für ihre persönliche Entwicklung erlebten. So schreibt eine ehemalige Mitarbeiterin: „Jeder lernt an dieser ‚Schule', daß das Fragen bei einem selbst beginnen muß; ohne Erforschung der eigenen Handlungsmotive ist man gewöhnlich nicht so furchtbar interessiert an dem, was andere motiviert. Solange ich dort gearbeitet habe, war es sehr wichtig, daß ich mich in Kontakt zu mir selbst und im besonderen zu meinen Gefühlen befand, sonst wäre ich gewiß nicht in der Lage gewesen, den Patienten bei ihren emotionalen Problemen zu helfen" (1975, S. 397). Der institutionelle Rahmen, in den diese Reflexion eingebunden war, waren die fünfmal in der Woche stattfindenden Mitarbeiterkonferenzen. Zahlreiche Protokollauszüge aus diesen Konferenzen sind am Ende des Buchs abgedruckt, und darin wird deutlich, mit welcher Hartnäckigkeit - manchmal muß man fast sagen: mit welcher Penetranz - Bettelheim die Probleme und Konflikte, die die Erzieher mit einzelnen Kindern haben, durch sein Fragen auf ungelöste innere Probleme und Konflikte bei den Erziehern selbst zurückführt.

Diese intensive Reflexion der täglichen Erfahrungen unter Einbeziehung der gefühlsmäßigen Reaktion der Beteiligten war für Bettelheim der einzige Weg, um zu einem klugen Situationsverständnis zu gelangen. Insofern verstand Bettelheim die Psychoanalyse ebenso wie die Pädagogik als praktisches Wissen - das heißt als „ein Wissen, das zu einer immer schon existierenden Praxis hinzutritt, diese aufklärt, bewußter macht, kritisch verfolgt und projektiv eine bessere Praxis entwirft" und das damit zugleich „der authentischen Natur der Erziehung, der Humanität des Menschen und der Realität des menschlichen Zusammenlebens gerechter wird als ein technologisches Denkschema" (Böhm 1985, S. 76).

Noch in einem anderen, allgemeineren Zusammenhang ist Bettelheim auf das Problem der Vermittlung pädagogischer Einsichten eingegangen. In hohem Alter hat er die Summe seiner fast siebzigjährigen Erfahrungen mit Kindern gezogen und ein umfangreiches Werk über die normale kindliche Entwicklung und über all die pädagogischen Fragen und Probleme, die im Zusammenleben von Eltern und Kindern auftauchen, verfaßt. Das Buch „Ein Leben für Kinder - Erziehung in unserer Zeit" (1987) ist bewußt für Eltern geschrieben, und die behandelten Themen reichen vom Stillen über die Sauberkeitserziehung bis hin zur Pflege bei körperlicher Erkrankung, vom Umgang mit Konflikten über die Bedeutung von Spiel und Phantasie bis hin zur Auseinandersetzung mit dem Fernsehen und den schulischen Leistungsanforderungen. Natürlich sah sich Bettelheim, der sich immer gegen Elternratgeber ausgesprochen hatte und stets die Unmöglichkeit betonte, Eltern Ratschläge oder gar Anweisungen zu geben, wie sie ihre Kinder erziehen sollen, nun mit der Frage konfrontiert, wie er dazu komme, selbst ein Elternbuch zu schreiben. Nachdrücklich wendet er sich noch einmal gegen alle „How-to"-Elternratgeber, gegen „die Arroganz der selbsternannten Experten, die anderen Menschen Verhaltensvorschriften oder Ratschläge in einer solch intimen und privaten Sphäre wie der Beziehung zwischen Eltern und Kind geben wollen", und hebt dann das Anliegen, das er mit seinem Buch verfolgt, dagegen ab: „Das Wichtigste ist, daß Eltern sich selbst Lösungen für Erziehungsprobleme zutrauen, Lösungen, die nur sie finden können, weil sie der Familienstruktur gemäß sind. Selbstverständlich finden Eltern als ‚Experten in eigener Sache' nicht automatisch Lösungen. Sie müssen lernen, ihre Verhaltensweisen zu durchdenken. Ich will anhand von Beispielen zeigen, wie man Probleme durchdenken kann. Und vor allem will ich darauf hinweisen, wie wichtig es ist, jede Situation, jedes Problem mit den Augen des Kindes zu sehen" (Bettelheim 1987b, S. 28).

Das ganze Buch stellt also in erster Linie einen groß angelegten Versuch dar, den Erwachsenen die kindliche Weltsicht näherzubringen und damit ihre Empathiefähigkeit, ihre Fähigkeit, sich in die Seele des Kindes hineinzuversetzen, zu erhöhen: Wie erlebt ein Kind Lob und Tadel oder Strafe? Was empfindet es, wenn die Eltern sich aus Ärger oder Enttäuschung zeitweilig von ihm zurückziehen? Worin liegt für das Kind der Reiz des Versteck- oder des Blindekuh-Spiels? Welche Bedeutung haben besonders markante „magische" Tage, wie Geburtstag oder Weihnachten? Welche Rolle spielen Phantasiegestalten wie der Nikolaus oder der Osterhase in seinem Weltbild? Diese und viele andere Fragen samt der damit zusammenhängenden erzieherischen Probleme durchdenkt Bettelheim in einfühlsamer Weise. Immer wieder betont er dabei, daß die Erinnerung an die eigene Kindheit und die darin ausgestandenen Ängste und Konflikte sowie an die damals mächtigen Phantasien und Wünsche eine wesentliche Hilfe für die Einfühlung in das kindliche Welterleben sein kann.

Dabei ist sich Bettelheim wohl bewußt, daß es keine perfekte, fehlerfreie Erziehung geben kann, daß das Aufwachsen unvermeidbar auch mit Kämpfen und Verletzungen verbunden ist. Psychoanalytische Einsichten in das Seelenleben können diese Kämpfe vielleicht produktiver machen und die Verletzungen mildern, gänzlich verhindern können sie sie nicht. Für Bettelheim sind das menschliche Leben und die seelischen Konflikte nur innerhalb der polaren Spannung zweier antagonistischer Grundtriebe verstehbar. Weit entfernt von einem harmonisierenden, die „Kraft des Guten" beschwörenden Fortschrittsoptimismus eines Carl Rogers oder einer von der Illusion der Aufhebbarkeit aller seelischen Leiden geblendeten Selbstverwirklichungseuphorie, fühlt er sich zutiefst einem im Grunde tragischen Menschenbild und Geschichtsverständnis, wie es Freud in seiner Schrift „Das Unbehagen in der Kultur" entwickelt hatte, verpflichtet. So endet denn sein Essay über „Freud und die Seele des Menschen" mit dem Bekenntnis, daß „nur im Widerstreit mit sich selbst das menschliche Herz [...] oder die Seele des Menschen [...] zu erreichen vermag, was das Beste im Leben ist" (1984, S. 125).

Literatur

Bettelheim, B.: Das Problem des Naturschönen und die moderne Ästhetik. Dissertation, Universität Wien 1937.

Bettelheim, B.: Individual and mass behavior in extreme situations. In: Journal of Abnormal and Social Psychology 38 (1943), S. 417-452. Deutsch: Individuelles und Massenverhalten in Extremsituationen. In: B. Bettelheim: Erziehung zum Überleben. Zur Psychologie der Extremsituationen. Stuttgart 1980a, S. 58-95.

Bettelheim, B.: Love Is not Enough. The Treatment of Emotionally Disturbed Children. New York 1950. Deutsch: Liebe allein genügt nicht. Die Erziehung emotional gestörter Kinder. Stuttgart 1970.

Bettelheim, B.: Truants from Life. The Rehabilitation of Emotionally Disturbed Children. New York 1955. Deutsch: So können sie nicht leben. Die Rehabilitation emotional gestörter Kinder. Stuttgart 1973.

Bettelheim, B.: The Empty Fortress. New York 1967. Deutsch: Die Geburt des Selbst. Erfolgreiche Therapie autistischer Kinder. München 1977b.

Bettelheim, B.: The Uses of Enchantment. New York 1975. Deutsch: Kinder brauchen Märchen. Stuttgart 1977a.

Bettelheim, B.: Autismus und Psychoanalyse. Ein Gespräch mit Bruno Bettelheim. In: Neue Formen der Psychotherapie. Hrsg. von der Redaktion der Zeitschrift „Psychologie heute". Weinheim/Basel 1980b, S. 150-155.

Bettelheim, B.: Freud and Man's Soul. New York 1983. Deutsch: Freud und die Seele des Menschen. Düsseldorf 1984.

Bettelheim, B.: A Good Enough Parent. A Book on Child-Rearing. New York 1987. Deutsch: Ein Leben für Kinder. Erziehung in unserer Zeit. Stuttgart 1987a.

Bettelheim, B.: Kinder brauchen Monster. Aus einem Gespräch mit dem Psychoanalytiker Bruno Bettelheim über das Leben heute. In: Frankfurter Rundschau Nr. 237 vom 13. Oktober 1987b.

Bettelheim, B.: Eltern müssen nicht perfekt sein. Ein Gespräch mit dem Kinderpsychologen Bruno Bettelheim über Erziehung und Elternschaft heute. In: Psychologie heute 14 (1987c), Heft 10, S. 28-32.

Bettelheim, B.: Freud's Vienna and Other Essays. New York 1990. Deutsch: Themen meines Lebens. Essays über Psychoanalyse, Kindererziehung und das jüdische Schicksal. Stuttgart 1990.

Bettelheim, B./Bettelheim, T.: A Home for the Heart. New York 1974. Deutsch: Bettelheim, B.: Der Weg aus dem Labyrinth. Leben lernen als Therapie. Stuttgart 1975.

Bettelheim, B./Bettelheim, T.: Surviving and Other Essays. New York 1974. Deutsch: Bettelheim, B.: Erziehung zum Überleben. Zur Psychologie der Extremsituation. Stuttgart 1980a.

Böhm, W.: Theorie und Praxis: Eine Erörterung des pädagogischen Grundproblems. Würzburg 1985.

Ekstein, R.: Grußwort anläßlich des 10jährigen Bestehens des Vereins für Psychoanalytische Sozialarbeit e. V. In: Psychosozial, Schwerpunktthema Psychose und Extremtraumatisierung, 12 (1989), S. 14-17.

Kaufhold, R.: Bruno Bettelheim und der „Mythos" der Schuldfrage. In: Zeitschrift für Heilpädagogik 39 (1988), S. 820-826.

DIE AUTOREN

Jacques Berna — Dr., Psychoanalytiker und Kindertherapeut in Thalwil/Zürich

Günther Bittner — Dr., Professor für Pädagogik an der Universität Würzburg

Reinhard Fatke — Dr., Professor für Pädagogik mit besonderer Berücksichtigung der Sozialpädagogik an der Universität Zürich

Rolf Göppel — Dr., Wissenschaftlicher Assistent an der Universität Würzburg

Burkhard Müller — Dr., Professor für Sozialpädagogik an der Universität Hildesheim

Gerd E. Schäfer — Dr., Professor für Pädagogik mit Schwerpunkt Elementar- und Grundschulpädagogik an der Universität Augsburg

Thomas Wegner — Dr., Wissenschaftlicher Oberrat bei der Justizbehörde Hamburg

ERZIEHUNGSKONZEPTIONEN UND PRAXIS

Herausgeber: Gerd-Bodo Reinert

Band 1 Barbara Hellinge / Manfred Jourdan / Hubertus Maier-Hein: Kleine Pädagogik der Antike. 1984.

Band 2 Siegfried Prell: Handlungsorientierte Schulbegleitforschung. Anleitung, Durchführung und Evaluation. 1984.

Band 3 Gerd-Bodo Reinert: Leitbild Gesamtschule versus Gymnasium? Eine Problemskizze. 1984.

Band 4 Ingeborg Wagner: Aufmerksamkeitsförderung im Unterricht. Hilfen durch Lehrertraining. 1984.

Band 5 Peter Struck: Pädagogische Bindungen. Zur Optimierung von Lehrerverhalten im Schulalltag. 1984.

Band 6 Wolfgang Sehringer (Hrsg.): Lernwelten und Instruktionsformen. (Unter Mitarbeit von: Horst Antenbrink, Walter Breunig, Karl-Josef Frey, Hans-Jürgen Pfistner, Wolfgang Sehringer). 1986.

Band 7 Gerd-Bodo Reinert (Hrsg.): Kindgemäße Erziehung. 1986.

Band 8 Heinrich Walther: Testament eines Schulleiters. 1986.

Band 9 Gerd-Bodo Reinert / Rainer Dieterich (Hrsg.): Theorie und Wirklichkeit - Studien zum Lehrerhandeln zwischen Unterrichtstheorie und Alltagsroutine. 1987. (Vergriffen).

Band 10 Jörg Petersen / Gerhard Priesemann: Einführung in die Unterrichtswissenschaft. Teil 1: Sprache und Anschauung. 2., überarb. Aufl. 1992.

Band 11 Jörg Petersen / Gerhard Priesemann: Einführung in die Unterrichtswissenschaft. Teil 2: Handlung und Erkenntnis. 1992.

Band 12 Wolfgang Hammer: Schulverwaltung im Spannungsfeld von Pädagogik und Gesellschaft. 1988.

Band 13 Werner Jünger: Schulunlust. Messung - Genese - Intervention. 1988.

Band 14 Jörg Petersen / Gerhard Priesemann: Unterricht als regelgeleiteter Handlungszusammenhang. Ein Beitrag zur Verständigung über Unterricht. 1988.

Band 15 Wolf-Dieter Hasenclever (Hrsg.): Pädagogik und Psychoanalyse. Marienauer Symposion zum 100. Geburtstag Gertrud Bondys. 1990.

Band 16 Jörg Petersen / Gerd-Bodo Reinert / Erwin Stephan: Betrifft: Hausaufgaben. Ein Überblick über die didaktische Diskussion für Elternhaus und Schule. 1990.

Band 17 Rudolf G. Büttner / Gerd-Bodo Reinert (Hrsg.): Schule und Identität im Wandel. Biographien und Begebenheiten aus dem Schulalltag zum Thema Identitätsentwicklung. 1991.

Band 18 Eva Maria Waibel: Von der Suchtprävention zur Gesundheitsförderung in der Schule. Der lange Weg der kleinen Schritte. 3. Auflage. 1994.

Band 19 Heike Biermann: Chancengerechtigkeit in der Grundschule – Anspruch und Wirklichkeit. 1992.

Band 20 Wolf Dieter Hasenclever (Hrsg.): Reformpädagogik heute: Wege der Erziehung zum ökologischen Humanismus. 2. Marienauer Symposion zum 100. Geburtstag von Max Bondy. 1993.

Band 21 Bernd Arnold: Medienerziehung und moralische Entwicklung von Kindern. Eine medienpädagogische Untersuchung zur Moral im Fernsehen am Beispiel einer Serie für Kinder im Umfeld der Werbung. 1993.

Band 22 Dimitrios Chatzidimou: Hausaufgaben konkret. Eine empirische Untersuchung an deutschen und griechischen Schulen der Sekundarstufen. 1994.

Band 23 Klaus Knauer: Diagnostik im pädagogischen Prozeß. Eine didaktisch-diagnostische Handreichung für den Fachlehrer. 1994.

Band 24 Jörg Petersen / Gerd-Bodo Reinert (Hrsg.): Lehren und Lernen im Umfeld neuer Technologien. Reflexionen vor Ort. 1994.

Band 25 Stefanie Voigt: Biologisch-pädagogisches Denken in der Theorie. 1994.

Band 26 Stefanie Voigt: Biologisch-pädagogisches Denken in der Praxis. 1994.

Band 27 Reinhard Fatke / Horst Scarbath: Pioniere Psychoanalytischer Pädagogik. 1995.

Eva Busch

Einführung in das Werk von D. W. Winnicott

Frankfurt/M., Berlin, Bern, New York, Paris, Wien, 1992. VII, 249 S., 2 Abb.
Europäische Hochschulschriften: Reihe 11, Pädagogik. Bd. 519
ISBN 3-631-45495-3   br. DM 79.--*

Begriffe aus dem Werk D. W. Winnicotts wie "primäre Mütterlichkeit", "wahres/falsches Selbst", "Übergangsobjekt" u.v.a. sind zu Allgemeinplätzen der psychoanalytischen Fachdiskussion und noch vielmehr ihrer populären Rezeption geworden. Die vorliegende Arbeit klärt in einer systematischen Darstellung von Begrifflichkeit und Gedankenführung des eigenwilligen englischen Psychoanalytikers auf gut verständliche Weise deren Sinn.
Winnicotts Theorie der Aggressivität und seine Konzeption der Kreativität werden in ihrer Bedeutung für einen neuen Ansatz psychoanalytischer Sozialisationstheorie gewürdigt.
Aus dem Inhalt: Die Theorie M. Kleins · Bedeutung der Aggression für die kindliche Entwicklung · Innere Welt und natürliche Moralität · Vom Spiel zur Kreativität · Winnicotts Methodologie

Peter Lang ≡ **Europäischer Verlag der Wissenschaften**
Frankfurt a.M. • Berlin • Bern • New York • Paris • Wien
Auslieferung: Verlag Peter Lang AG, Jupiterstr. 15, CH-3000 Bern 15
Telefon (004131) 9411122, Telefax (004131) 9411131
- Preisänderungen vorbehalten - *inklusive Mehrwertsteuer